AF556305

बाल गणेश

मुकेश 'नादान'

ग्रंथ अकादमी, नई दिल्ली

प्रकाशक : **ग्रंथ अकादमी**
भवन संख्या-19, पहली मंजिल, 2, अंसारी रोड, दरियागंज, नई दिल्ली-110002
 / संस्करण : 2019 / मूल्य : तीन सौ रुपए
मुद्रक : नरुला प्रिंटर्स, दिल्ली ISBN 978-93-83110-89-6

BAL GANESH *by* Mukesh Nadan ₹ 300.00
Published by Granth Akademi, Building No. 19, First Floor
2, Ansari Road, Darya Ganj, New Delhi-110002

...अपनी बात

प्यारे बच्चो!

भगवान् गणेश की पूजा सभी देवी-देवताओं में सबसे पहले की जाती है। यह तो तुम सभी जानते ही होगे, यदि नहीं तो इस पुस्तक में अवश्य पढ़ोगे। भगवान् गणेश अपने अनेक रूपों में पूजे जाते हैं, जैसे–वक्रतुंड, एकदंत, महोदर, गजानन, लंबोदर आदि। इन्हीं रूपों से संबंधित उनकी अनेक कथाएँ प्रचलित हैं। उन्होंने अपनी बाल्यावस्था में अनेक चमत्कारी कार्य भी किए हैं। उन्हीं के बाल जीवन से जुड़ी कुछ प्रमुख कथाएँ सरल भाषा एवं चित्रों के द्वारा हम इस पुस्तक में प्रस्तुत कर रहे हैं। हमें पूर्ण विश्वास है कि बाल पाठकों के अतिरिक्त प्रत्येक पाठक-वर्ग के लिए यह पुस्तक उपयोगी सिद्ध होगी।

विनायकम् **–मुकेश 'नादान'**

506/13, शास्त्रीनगर, मेरठ (उ.प्र.)

विषय-सूची

गणेश की जन्म-कथा

गणेश के जन्म के संबंध में अनेक कथाएँ प्रचलित हैं, लेकिन 'शिवपुराण' ं गणेश के जन्म के संबंध में जो कथा लिखी गई है, वही जनसाधारण में सबसे नधिक प्रचलित है।

कहा जाता है कि एक बार जया और विजया, जो पार्वती की सखियाँ थीं, न्होंने पार्वती से कहा, 'जिस प्रकार नंदी, भृंगी आदि शिवजी के गण हैं और वे न्हीं की आज्ञा का पालन करते हैं उसी प्रकार आपका भी एक गण होना ग्राहिए, जो आपकी आज्ञा का पालन करे।'

एक दिन पार्वती गुफा के द्वार की रक्षा के लिए नंदी को वहाँ पर बैठाकर वयं स्नान करने के लिए चली गईं। अभी वह स्नान कर ही रही थीं कि वहाँ शिवजी आए और सीधे गुफा के अंदर चले गए। शिवजी ने नंदी की कोई परवाह हीं की।

शिवजी का इस प्रकार गुफा के अंदर आना पार्वती को अच्छा नहीं लगा, मत: उन्होंने उसी क्षण यह निर्णय लिया कि वे अपने गण की रचना करेंगी, जो मात्र उन्हीं की आज्ञा का पालन करेगा। पार्वती ने तुरंत चंदन के लेप से एक छोटे च्चे की आकृति तैयार करके उसमें प्राण डाल दिए और उसको आशीर्वाद देते ुए कहा, 'तुम आज से मेरे पुत्र हो। आज से इस महल की सुरक्षा का कर्तव्य ुम्हारा है। मेरी आज्ञा के बिना तुम किसी को भी महल के अंदर नहीं आने दोगे,

फिर चाहे वे तुम्हारे पिता ही क्यों न हों!'

पार्वती ने अपने पुत्र का नाम 'गणेश' रखा और उसके हाथ में डंडा देकर मुख्य द्वार की सुरक्षा का उत्तरदायित्व सौंपकर स्वयं स्नान करने चली गईं।

बालक गणेश हाथ में डंडा लेकर द्वार पर ही बैठे रहे। थोड़ी ही देर में वहाँ शिवजी आए और अंदर जाने लगे। गणेश अपने पिता को नहीं पहचानते थे, इसलिए उन्होंने डंडे को द्वार के बीच अड़ाकर शिवजी को वहीं पर रोक दिया और बोले, 'मैं आपको अंदर जाने की आज्ञा नहीं दे सकता, क्योंकि मेरी माताजी अंदर स्नान कर रही हैं। इसलिए आप कुछ देर यहीं पर रुकिए। मैं अंदर जाकर अपनी माताजी से आज्ञा लेकर आता हूँ।'

गणेश के मुख से इस प्रकार की बातें सुनकर शिवजी क्रोधित होकर बोले, 'अरे मूर्ख बालक! क्या तुम्हें ज्ञात नहीं है कि मैं पार्वती का पति शिव हूँ? तुम मुझे मेरे ही घर में आने से कैसे रोक सकते हो?'

शिव और गणेश में काफी देर तक बहस चली, लेकिन फिर भी गणेश ने उन्हें अंदर नहीं जाने दिया। बात बढ़ जाने पर शिव के अन्य गण भी वहाँ पर आकर बोले, 'देखो गणेश, तुम भी हमारे ही समान पार्वती और शिव के गण हो। इसलिए हमने तुम्हें कुछ भी नहीं कहा। यदि तुम अपने प्राणों की रक्षा करना चाहते हो तो शिवजी को अंदर जाने दो, अन्यथा तुम्हें अपने प्राणों से हाथ धोने पड़ेंगे।'

शिव के गणों को देखकर भी गणेश ने हिम्मत नहीं हारी और बराबर उनसे तर्क-वितर्क करते रहे। यह जानते हुए भी कि गणेश पार्वती के गण हैं, शिव ने दूसरे देवताओं का आवाहन किया और देवताओं सहित अपने गणों को आदेश

दिया कि वे गणेश पर आक्रमण करके उसका अभिमान नष्ट कर दें।

देवताओं तथा शिव के गणों ने गणेश के साथ भीषण युद्ध किया; लेकिन गणेश ने हिम्मत नहीं हारी। सभी देवता और शिव के गण गणेश के अद्‌भुत पराक्रम को देखकर आश्चर्यचकित रह गए। गणेश ने नुकीले तीरों तथा दूसरे शस्त्रों का शिव की सेना पर ऐसा प्रयोग किया, जिससे वह घबराकर गणेश का सामना न कर सकी और इधर-उधर भाग खड़ी हुई।

अकेले गणेश शिव गणों और देवताओं पर भारी पड़ रहे थे। यह देखकर शिव अपने को रोक नहीं पाए और स्वयं युद्धभूमि में कूद पड़े।

भयंकर युद्ध हुआ; किंतु गणेश को युद्ध में हराना किसी भी देवता के लिए संभव नहीं था। गणेश की शक्ति और पराक्रम को देखकर शिव भी चकित थे। जब गणेश को हराने का और कोई उपाय शिव को नहीं सूझा तो उन्होंने अपने दिव्य त्रिशूल को उठाया और गणेश के सिर को धड़ से अलग कर दिया।

गणेश की मृत्यु की सूचना जब पार्वती को मिली तो वे अपने क्रोध को रोक न सकीं। उन्होंने क्रोध में आकर दिव्य शक्तियों का आवाहन किया तथा संपूर्ण ब्रह्मांड को नष्ट करने की आज्ञा दे दी। पार्वती के क्रोध के कारण अपने चारों ओर विनाश-लीला को देखकर सभी देवता एवं देवगण भय से काँपने लगे और इस विनाश-लीला से बचने का उपाय सोचने लगे।

नारदजी के परामर्श पर सभी देवता पार्वती के पास गए और क्षमा माँगकर उनसे विनाश-लीला को रोकने की प्रार्थना करने लगे। लेकिन पार्वती का क्रोध आसानी से रुकनेवाला नहीं था। उन्होंने देवताओं को स्पष्ट रूप से कह दिया कि 'यह विनाश-लीला केवल गणेश को जीवनदान मिलने के उपरांत ही रुक

सकती है। जब मेरा पुत्र गणेश पुनः जीवित होगा और समस्त देवगणों में उसे सर्वोच्च स्थान मिलेगा, तब मैं विनाश-लीला को रोक दूँगी।'

जब शिवजी को इस बात का पता चला तो उन्होंने सभी देवताओं को उत्तर दिशा में भेज दिया और आज्ञा दी कि 'उन्हें सबसे पहले जो भी जीवित प्राणी मिले, उसका सिर काटकर तुरंत ले आएँ, जिससे उस सिर को गणेश के धड़ से जोड़कर उसे पुनः जीवित किया जा सके।'

थोड़ी ही देर में देवतागण एक ऐसे हाथी का सिर काटकर ले आए, जिसका केवल एक ही दाँत था। हाथी के उस सिर को गणेश के धड़ पर रखकर सभी देवताओं ने वैदिक मंत्रों का उच्चारण किया और उस पर पवित्र जल छिड़क दिया। कुछ ही देर बाद गणेश ने आँखें खोलीं और पुनः जीवित हो गए। गणेश इस प्रकार लग रहे थे, मानो गहरी नींद से सोकर उठे हों। उन्हें जीवित देखकर पार्वती अत्यंत प्रसन्न हुईं।

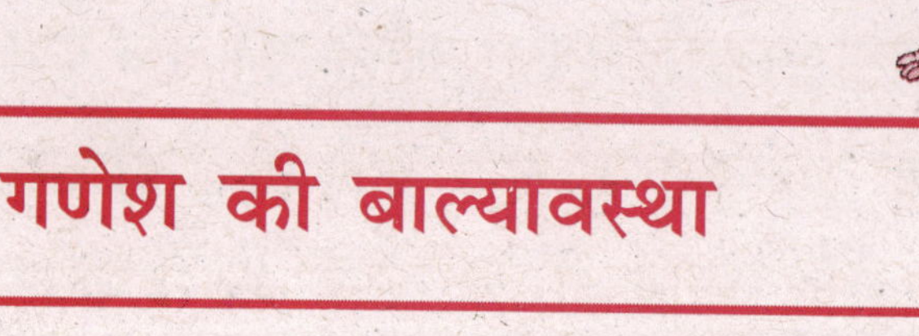

गणेश की बाल्यावस्था

जिस प्रकार सभी बच्चे बाल्यावस्था में शरारतें करते हैं और अपनी उन्हीं शरारतों से माता-पिता का मन मोह लेते हैं, उसी प्रकार गणेश भी बचपन में बहुत शरारतें करते थे। उनका स्वभाव इतना चंचल था कि वे एक स्थान पर शांतिपूर्वक अधिक देर तक नहीं बैठ सकते थे।

गणेश स्वतंत्रतापूर्वक कैलास पर इधर से उधर विचरण करते और अपनी बाल-सुलभ क्रीड़ाओं से सबका मन मोह लेते थे। गणेश अकसर शिवगणों के साथ ही खेलते-कूदते थे; क्योंकि गणेश को शिवगणों के साथ समय बिताना बहुत अच्छा लगता था।

एक दिन गणेश शिवगणों के साथ खेल रहे थे कि उनकी नजर एक बिल्ली पर पड़ी, जो एक कोने में बैठी 'म्याऊँ-म्याऊँ' कर रही थी। बिल्ली को देखकर गणेश को शरारत सूझी और उन्होंने उसकी पूँछ कसकर पकड़ ली। उन्होंने बिल्ली की पूँछ को इतनी जोर से मरोड़ा कि वह दर्द से छटपटाती हुई अपने को गणेश के चंगुल से छुड़ाने की कोशिश करने लगी। बड़ी कठिनाई से बिल्ली गणेश के हाथ से छूटी और जमीन पर गिर गई, जिसके कारण उसके शरीर पर कई जगह चोट लग गई।

जब गणेश ने बिल्ली के शरीर पर चोट के निशान देखे तो उन्हें बहुत दु:ख हुआ। वे अपनी गलती पर पछताने लगे कि खेल में भी किसी को कष्ट नहीं

पहुँचाना चाहिए। बिल्ली को तड़पते देखकर गणेश का मन बहुत दुःखी हो रहा था, इसलिए वह दुःखी मन से घर लौट आए।

घर आकर गणेश ने देखा कि उनकी माँ पार्वती का शरीर धूल में लिपटा हुआ है और वे पीड़ा से बुरी तरह कराह रही हैं, क्योंकि उनके पूरे शरीर पर चोटों के निशान थे। गणेश माता को इस प्रकार पीड़ा से छटपटाता हुआ देखकर आश्चर्य में पड़ गए।

गणेश के मन में बार-बार एक ही प्रश्न उठ रहा था कि संपूर्ण ब्रह्मांड में ऐसा कोई नहीं है, जो माता पार्वती का अहित कर सके, क्योंकि पार्वती तो स्वयं ही अलौकिक शक्ति हैं। तभी उन्हें अपनी गलती का अहसास हुआ और वे बिल्ली पर किए गए अत्याचारों को याद करने लगे। तब जाकर उनकी समझ में आया कि दिव्यता सब जगह है और वह संसार के कण-कण में व्याप्त है।

गणेश सोच रहे थे कि माता पार्वती तो दिव्य तथा सर्वव्यापी हैं। वे जड़ और चेतन सब में समान रूप से व्याप्त हैं। जब वे मेरे अंदर विद्यमान हैं तो बिल्ली के अंदर क्यों नहीं? मैंने जो बिल्ली के ऊपर अत्याचार किया, उसी के परिणामस्वरूप माता पार्वती की यह दुर्दशा हुई है। यदि मैं बिल्ली को चोट नहीं पहुँचाता तो माता की भी यह दुर्दशा नहीं होती।

गणेश को अपनी गलती पर पश्चात्ताप हो रहा था। उन्होंने माता पार्वती से अपनी गलती के लिए क्षमा माँगी और उन्हें भरोसा दिलाया कि वे कभी भी किसी प्राणी को कष्ट नहीं देंगे। इसके बाद उन्होंने शरारतें करना बंद कर दिया और पशु-पक्षियों पर अत्याचार करना भी छोड़ दिया।

कावेरी की उत्पत्ति

प्राचीन काल की बात है। दक्षिण भारत में कोई ऐसी नदी नहीं थी, जो लोगों की पानी की आवश्यकता को पूरा कर सके। पानी की एक-एक बूँद के लिए दक्षिण भारत के लोग तरसते थे। लोगों के सामने पानी की समस्या बड़ी विकट थी। तब लोगों की पानी की समस्या की ओर अगस्त्य मुनि का ध्यान गया। उन्होंने इस समस्या को दूर करने के लिए ब्रह्माजी की कठोर तपस्या की और दक्षिण भारत में पानी की कमी से उन्हें अवगत कराया। ब्रह्माजी अगस्त्य मुनि से प्रसन्न हुए और उनके कमंडल में थोड़ा सा पवित्र जल डालकर कहा कि 'तुम इस जल को जहाँ डाल दोगे, वहीं नदी बहने लगेगी।'

इस प्रकार अगस्त्य मुनि ब्रह्माजी से जल लेकर दक्षिण भारतीय प्रदेश में ऐसे उचित स्थान की खोज में इधर-उधर घूमने लगे, जहाँ से सभी की आवश्यकताओं को पूरा करने के लिए नदी का प्रारंभ किया जा सके। घूमते-घूमते अगस्त्य मुनि कूर्ग नामक स्थान पर पहुँचे। यह जगह उन्हें नदी का प्रारंभ करने के लिए वैसे तो ठीक लगी, किंतु फिर भी, वे और अच्छी जगह की तलाश में भटकते रहे। जब गणेश की दृष्टि अगस्त्य मुनि पर पड़ी, तो उन्होंने सोचा कि इस परोपकार के काम में मुझे अगस्त्य मुनि की सहायता करनी चाहिए। इसलिए गणेश ने एक छोटे बच्चे का रूप बनाया और अगस्त्य मुनि के पास पहुँच गए। बाल गणेश को सामने देखकर अगस्त्य मुनि ने उन्हें अपना कमंडल पकड़ाया

और स्वयं उचित स्थान की खोज करते-करते बहुत आगे निकल गए। आगे जाकर उन्हें ऐसा उचित स्थान मिल गया, जहाँ से नदी का प्रारंभ कर सकें। इस प्रकार गणेश ने नदी के उद्‌गम हेतु अगस्त्य मुनि की सहायता की।

कुछ ही देर में गणेश जल से भरा हुआ कमंडल ज़मीन पर रखकर अगस्त्य मुनि के पास पहुँच गए। अगस्त्य मुनि जब गणेश के साथ उस स्थान पर आए, जहाँ कमंडल रखा हुआ था तो उन्होंने देखा कि एक कौआ न जाने कहाँ से आया और कमंडल पर बैठ गया। मुनि ने कौए को तो भगा दिया, किंतु कमंडल के हिलने से जल की कुछ बूँदें जमीन पर गिर गईं। अब क्या था, जल की बूँदों के जमीन पर गिरते ही वहाँ एक विशाल नदी बहने लगी। वही स्थान आज भी 'कावेरी' के नाम से जाना जाता है। इस प्रकार गणेश की सहायता और अगस्त्य मुनि के प्रयासों द्वारा दक्षिण भारत के लोगों की पानी की समस्या कावेरी नदी के उद्‌गम द्वारा पूरी हुई।

कहते हैं कि दक्षिण भारत के लोग आज भी कावेरी को देवलोक की नदी समझते हैं, क्योंकि यह अगस्त्य मुनि द्वारा पृथ्वी पर अवतरित की गई है। कावेरी के पवित्र जल द्वारा आज भी संपूर्ण मानव जाति को जीवन-दान मिल रहा है।

गणेश की विवाह-कथा

गणेश और कार्तिकेय दोनों ही शिव-पार्वती के प्रिय पुत्र थे। दोनों को माता-पिता का वात्सल्य समान रूप से मिल रहा था। दोनों शिव-पार्वती की छत्रच्छाया में धीरे-धीरे बड़े हो रहे थे। एक दिन की बात है, गणेश और कार्तिकेय दोनों ही खेल में मगन थे, तभी भगवान् शिव की दृष्टि अपने दोनों पुत्रों पर पड़ी। शिवजी अपने पुत्रों को देखकर अत्यंत प्रसन्न हुए और पार्वती से बोले, 'अब हमारे दोनों पुत्रों की आयु विवाह-योग्य हो गई है, इसलिए हमें इनका विवाह कर देना चाहिए।'

कुछ देर में गणेश और कार्तिकेय भी वहाँ आ पहुँचे और अपने माता-पिता से हठ करने लगे कि पहले उसी का विवाह किया जाए। दोनों एक-दूसरे से पहले विवाह करना चाहते थे। दोनों पुत्रों की पहले विवाह करने की हठ देखकर शिव-पार्वती के सामने समस्या खड़ी हो गई। उन्होंने आपस में बहुत देर तक विचार-विमर्श किया और अपने पुत्रों से बोले, 'देखो पुत्रो, हमने आज तक तुम दोनों में कुछ भी भेद नहीं किया है। तुम दोनों ही हमारे प्रिय हो। तुम दोनों में से जो भी पृथ्वी की परिक्रमा करके पहले लौटेगा, उसी का विवाह पहले होगा।'

कार्तिकेय पहले विवाह करने के लोभ में तुरंत पृथ्वी की परिक्रमा करने के लिए निकल पड़े। किंतु गणेश बहुत बुद्धिमान थे। उनका शरीर इतना भारी था कि अधिक दूर तक लगातार चल भी नहीं पाते थे। ऐसे में पृथ्वी की परिक्रमा

करके पहले वापस लौटना उनके लिए असंभव था। गणेश सोच में पड़ गए कि वे क्या करें? अंत में उन्हें एक उपाय सूझा। उन्होंने तुरंत शिव-पार्वती के लिए दो आसन बिछा दिए और बोले, 'कृपया आप दोनों इन आसनों पर विराजमान होकर मेरी पूजा स्वीकार करें।'

गणेश के कहने के अनुसार शिव-पार्वती दोनों आसनों पर बैठ गए। इसके बाद गणेश ने शिव-पार्वती की पूरी भक्ति और श्रद्धा के साथ पूजा-अर्चना की और उनकी परिक्रमा करने लगे। इस प्रकार गणेश ने माता-पिता की सात बार परिक्रमा की और बोले, 'मैंने आपकी शर्त पहले पूरी की है, इसलिए मेरा विवाह पहले कर दीजिए; क्योंकि वेद तथा दूसरे शास्त्रों में कहा गया है कि माता-पिता की पूजा-अर्चना करना, पृथ्वी की परिक्रमा करने के बराबर है। पृथ्वी की

परिक्रमा करने का जो फल मिलता है, वही फल पूजा-अर्चना के बाद माता-पिता की परिक्रमा करने का भी मिलता है। यदि वेद-पुराणों में लिखी गई बातें सत्य हैं तो पहले मेरा विवाह कर दीजिए।'

गणेश की इन तर्कपूर्ण बातों का शिव और पार्वती कोई उत्तर न दे सके। वे गणेश की बुद्धिमानी से बहुत प्रसन्न हुए। गणेश के तर्क सुनकर शिव-पार्वती कुछ देर मौन रहकर एक-दूसरे की ओर देखने लगे, मानो उन्होंने मन-ही-मन कुछ निश्चय कर लिया हो।

ऋद्धि और सिद्धि, जो प्रजापति विश्वरूप की सुंदर कन्याएँ थीं, उनके साथ शिव-पार्वती ने गणेश का विवाह कर दिया। कुछ समय पश्चात् ऋद्धि-सिद्धि ने क्षेम व लाभ नाम के दो पुत्रों को जन्म दिया।

उधर कार्तिकेय जब पृथ्वी की परिक्रमा करके लौटे तो उन्हें गणेश के विवाह के बारे में पता चला। वे बहुत क्रोधित हो गए। शिव-पार्वती ने कार्तिकेय को बहुत समझाने की कोशिश की, किंतु उन्होंने अपने माता-पिता की कोई बात नहीं मानी और क्रोध के कारण घर छोड़कर क्रौंच पर्वत पर चले गए। वहाँ जाकर कार्तिकेय ने आजन्म ब्रह्मचारी रहने की प्रतिज्ञा की और उसे निभाया।

गणेश द्वारा चंद्रमा को शाप

'गणेश-पुराण' को पढ़ने से ज्ञात होता है कि किस प्रकार चंद्रमा गणेश के शाप का भागी बना। एक समय की बात है, ब्रह्मा और शिव एक साथ बैठे किसी गहन विषय पर वार्त्तालाप कर रहे थे। तभी अचानक नारदजी एक अत्यंत स्वादिष्ट फल लेकर उपस्थित हुए और पूरी श्रद्धा व भक्ति के साथ उस फल को भगवान् शंकर को भेंट कर दिया। उस फल को पाकर शिव बहुत प्रसन्न हुए, क्योंकि वह फल अपनी तरह का इकलौता था।

तभी वहाँ पर गणेश और कार्तिकेय खेलते हुए आए और उस फल को लेने का हठ करने लगे। शिव के लिए बड़ी समस्या थी कि इस इकलौते फल को गणेश और कार्तिकेय में से कौन से पुत्र को दें! चूँकि उन्हें दोनों ही पुत्र प्रिय थे, इसलिए उन्होंने इस समस्या का समाधान ब्रह्माजी को सौंप दिया और बोले, 'ब्रह्माजी, मैं अपने दोनों पुत्रों में से किसी के साथ भी अन्याय नहीं करना चाहता। अब आप ही विचार करके बताएँ कि इस इकलौते फल को मैं अपने कौन से पुत्र को दूँ?'

शिव की बात सुनकर ब्रह्माजी बोले, 'मेरे विचार से कार्तिकेय दोनों भाइयों में छोटा है, इसलिए यह फल कार्तिकेय को मिलना चाहिए।'

इस प्रकार, ब्रह्माजी के कहने के अनुसार शिव ने वह फल कार्तिकेय को दे दिया। यह देखकर गणेश बहुत क्रोधित हुए और सृष्टि-रचना के कार्य में

तरह-तरह से रुकावटें डालने के लिए भयंकर रूप बनाकर एक दिन ब्रह्माजी के पास पहुँच गए।

गणेश को इस प्रकार भयंकर रूप में देखकर ब्रह्माजी बुरी तरह डर गए। वहाँ पर चंद्रदेव भी उपस्थित थे। गणेश के भयंकर रूप से ब्रह्माजी को भयभीत होते देखकर चंद्रदेव अपने को रोक न सके और हँसने लगे। चंद्रमा के गणों ने भी गणेश का उपहास किया। गणेश तो पहले से ही क्रोध के कारण आपे से बाहर थे, लेकिन चंद्रदेव की हँसी ने उनके क्रोध को बढ़ाने में आग में घी का काम किया। अब गणेश अपने को रोक नहीं पाए और चंद्रदेव को शाप देते हुए बोले, 'चंद्रमा, संसार का कोई भी प्राणी अब तुम्हारे दर्शनों से लाभ नहीं उठा पाएगा, बल्कि जो प्राणी तुम्हारे दर्शन करेगा, उसे किसी पापकर्म के बदले मिलनेवाले दंड से दंडित किया जाएगा।' गणेश द्वारा दिए गए शाप के कारण चंद्रमा के दर्शन ही निरर्थक हो गए। यह देखकर सभी देवता बहुत दुःखी हुए।

गणेश तो चंद्रमा को शाप देकर लौट आए। अग्निदेव और देवराज इंद्र गणेश को प्रसन्न करने के लिए उनके पास गए और प्रार्थना की कि चंद्रदेव को क्षमा कर दें। तब गणेश ने अग्निदेव और इंद्र की स्तुति से प्रसन्न होकर कहा, 'देखो, भाद्र शुक्ल चतुर्थी के दिन यदि कोई अनजाने में भी चंद्रमा के दर्शन करेगा तो उस पर अनेक संकट आएँगे। मात्र आज के दिन तो चंद्रमा मेरे द्वारा शापित और कलंकित ही माना जाएगा।'

तब अग्निदेव एवं इंद्र चंद्रमा के पास आए और एक शब्द का मंत्र देकर लगातार मौन रहकर उस मंत्र का जाप करने की सलाह दी, जिससे गणेश प्रसन्न होकर चंद्रमा को क्षमा कर दें। तब चंद्रमा जाह्नवी नदी के तट पर आए और

तपस्वियों के समान जीवन व्यतीत करते हुए उस मंत्र का जाप करने लगे, जिससे गणेश शीघ्र ही प्रसन्न हुए और बोले, 'चंद्रमा, मेरी कृपा से तुम्हें पहले के समान ही मान व सम्मान प्राप्त होगा। चंद्रमास के कृष्ण पक्ष की चतुर्थी को यदि लोग मेरी और तुम्हारी पूजा करने के बाद तुम्हारे दर्शन करेंगे, तभी उन्हें उपवास का फल प्राप्त होगा। यदि तुम एक अंश से मेरे ललाट में स्थित रहोगे तो मुझे बहुत प्रसन्नता होगी। प्रत्येक मास की द्वितीया को लोग तुम्हारी पूजा करेंगे। इस दिन लोग तुम्हारी पूजा करके पुण्य का फल भोगकर दीर्घायु को प्राप्त होंगे।'

इस प्रकार गणेश ने चंद्रमा की तपस्या से प्रसन्न होकर उसे शाप-मुक्त किया, तब कहीं जाकर चंद्रमा को पहले के समान ही अपनी प्रतिष्ठा प्राप्त हुई।

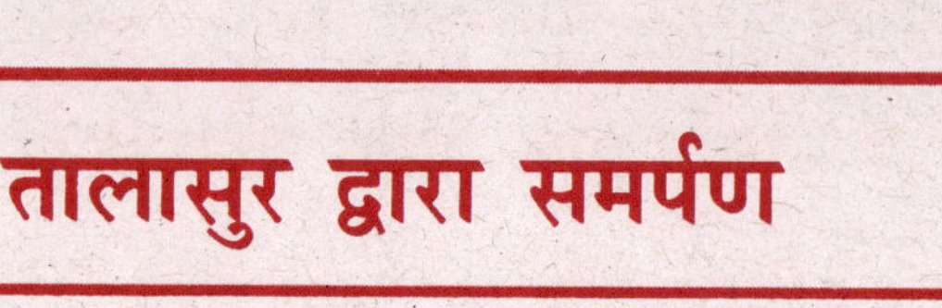

तालासुर द्वारा समर्पण

यह तो सभी जानते हैं कि देवनगरी अमरावती का सौंदर्य एवं ऐश्वर्य सभी असुरों को अपनी तरफ आकर्षित करता था। उस समय तालासुर नाम का एक असुर ऐसा भी था जिसने पृथ्वी पर रहकर अनेक दिव्य शक्तियाँ प्राप्त कर ली थीं। ये सभी शक्तियाँ तालासुर ने देवताओं को तपस्या द्वारा प्रसन्न करके ही प्राप्त की थीं। अब तालासुर की दृष्टि केवल अमरावती पर थी। वह उसे अपनी शक्ति के बल पर प्राप्त करना चाहता था। तालासुर के अमरावती की ओर आकर्षण का कारण दिव्य सुंदरियाँ–जैसे रंभा व उर्वशी और अकूत धन-संपदा थी।

जब दैत्यों के गुरु शुक्राचार्य को यह ज्ञात हुआ कि तालासुर अमरावती पर विजय प्राप्त करना चाहता है तो उन्होंने तालासुर को अपने पास बुलाकर कहा, 'देखो तालासुर, तुम पहले तपस्या द्वारा ब्रह्माजी को प्रसन्न करके अमोघ शक्तियाँ प्राप्त करो। उसके बाद अमरावती पर आक्रमण करने का विचार करना। चूँकि देवता बहुत ही बुद्धिमान तथा शक्तिशाली हैं, इसलिए यदि तुम बिना तैयारी के अमरावती पर आक्रमण करोगे तो कभी भी विजय प्राप्त नहीं कर सकोगे और तुम्हारा आक्रमण निष्फल हो जाने से देवता सतर्क भी हो जाएँगे।'

दैत्य-गुरु शुक्राचार्य ने तालासुर को यह भी सलाह दी कि वह पहले ब्रह्माजी को तपस्या द्वारा प्रसन्न करके अमरत्व का वरदान प्राप्त करे, तभी देवनगरी अमरावती पर विजय प्राप्त करने के बारे में सोचे।

गुरु शुक्राचार्य की सलाह तालासुर की समझ में आ गई। उसने वन में जाकर इतनी कठोर तपस्या की, जिससे ब्रह्माजी प्रसन्न हो गए। ब्रह्माजी ने तालासुर को साक्षात् दर्शन देकर वरदान माँगने को कहा। तालासुर बहुत चालाक था। उसने तुरंत ब्रह्माजी से अमरत्व का वरदान माँग लिया। किंतु ब्रह्माजी ने प्रकृति के नियमों के विपरीत तालासुर को अमरत्व का वरदान न देकर दूसरा और कोई वरदान माँगने को कहा। तब तालासुर ने अपनी कपट-बुद्धि से काम लिया और बोला, 'भगवन्! मैं संपूर्ण पृथ्वी पर राज करना चाहता हूँ। इसलिए मुझे ऐसा वरदान दीजिए कि चाहे मनुष्य हो या देवता, कोई भी मुझे हरा न सके। मात्र हाथी को छोड़कर किसी में भी मुझे मारने की शक्ति न हो।' तालासुर जानता था कि वह हाथी के सामने कभी नहीं आएगा, जिससे उसकी मृत्यु हो। इस प्रकार ब्रह्माजी 'तथास्तु' कह अंतर्धान हो गए।

अब तो तालासुर अजेय होने का वरदान प्राप्त करके बहुत अभिमानी हो गया। उसने अपनी संपूर्ण शक्ति से देवनगरी अमरावती पर इतना भीषण आक्रमण कर दिया कि देवता भी अपनी रक्षा न कर सके और अमरावती पर तालासुर का अधिकार हो गया। अचानक हुए इस आक्रमण में देवताओं की पराजय हुई और उन्हें अमरावती को छोड़कर, वहाँ से भागकर कहीं दूसरे स्थान पर जाना पड़ा।

अमरावती की विजय ने तालासुर को बहुत अभिमानी बना दिया। उसे अपनी शक्ति पर पूरा विश्वास हो गया कि संपूर्ण पृथ्वी पर उसे हराने वाला दूसरा कोई नहीं है। तालासुर के अत्याचारों से सभी देवता 'त्राहि-त्राहि' करने लगे।

तालासुर ने देवताओं को अमरावती से बाहर भी चैन से नहीं रहने दिया।

उसके अत्याचारों से तंग आकर सभी देवता इंद्र के साथ ब्रह्माजी के पास गए और अपनी व्यथा सुनाई तथा ब्रह्माजी से प्रार्थना की कि वे उन्हें तालासुर के अत्याचारों से मुक्ति दिलाएँ।

ब्रह्माजी ने देवताओं को बताया कि अमरत्व का वरदान प्राप्त करने के कारण कोई भी मनुष्य या देवता उसे मारने में असमर्थ है, इसलिए उसे गणेश ही मार सकते हैं, क्योंकि गणेश का सिर हाथी का है। इसलिए आप सब देवता मिलकर गणेश से सहायता माँगें। क्योंकि इस समय केवल गणेश ही उन्हें संकट से बचा सकते हैं, इसलिए सभी देवता मिलकर, ब्रह्माजी की बात मानकर कैलास पर्वत की ओर चल दिए।

इंद्रादि देवताओं का गणेश ने यथोचित आदर-सत्कार किया और उनके आने का कारण पूछा। तब देवताओं ने बताया कि तालासुर ने ब्रह्मा से अमरत्व का वरदान प्राप्त करके किस प्रकार देवनगरी पर अपना अधिकार प्राप्त कर लिया है। देवता अपनी पत्नियों सहित तालासुर से भयभीत होकर इधर-उधर भटक रहे हैं। देवताओं से संपूर्ण स्थिति की जानकारी लेने के बाद गणेश ने देवताओं से कहा, ''देवताओं के लिए यह बहुत ही लज्जा की बात है कि देवनगरी पर दैत्य तालासुर का अधिकार हो चुका है और देवता तथा ऋषि-मुनियों को तालासुर के अत्याचार सहने पड़ रहे हैं।'' इस प्रकार गणेश ने देवताओं को भरोसा दिलाया कि वे हर हाल में तालासुर का वध करके देवताओं को उसके अत्याचारों से मुक्ति दिलाएँगे।

गणेश जानते थे कि यदि उन्हें शिव-पार्वती का आशीर्वाद मिल गया तो वे अवश्य ही युद्ध में तालासुर का वध करने में सफल होंगे। इसलिए देवताओं की

रक्षा के लिए युद्ध में जाने से पहले गणेश ने शिव-पार्वती के चरण-स्पर्श करके उनका आशीर्वाद लिया और युद्धभूमि में जाकर तालासुर को युद्ध के लिए ललकारा।

तालासुर को गणेश की शक्ति का तनिक भी अनुमान नहीं था। इसलिए उसने पहले तो गणेश का उपहास किया और फिर हाथ में गदा लेकर युद्धभूमि में उनका सामना करने के लिए आ गया। गणेश ने क्रोध में आकर तालासुर को अपनी सूँड़ में लपेट लिया तथा हवा में घुमाकर अपनी पूरी शक्ति के साथ जमीन पर इस प्रकार पटका कि वह मूर्च्छित होकर जमीन पर गिर पड़ा। तालासुर काफी देर तक चेतनाशून्य होकर जमीन पर लेटा रहा। बहुत देर बाद जब उसे होश आया तो उसे ब्रह्माजी द्वारा दिए गए वरदान की बात याद आई,

जिसमें कहा गया था कि उसकी मृत्यु केवल हाथी के द्वारा ही होगी। इसलिए जब तालासुर ने हाथी के रूप में गणेश को अपने सामने खड़े देखा तो वह अपनी मृत्यु के भय से काँपने लगा।

तालासुर ने तुरंत गणेश के चरणों पर गिरकर अपने अपराध के लिए क्षमा माँगी। कहते हैं कि गणेश तो आसानी से प्रसन्न होनेवाले भगवान् हैं। उन्होंने तालासुर को क्षमा करके आदेश दिया कि 'अमरावती नगरी को छोड़ दो और देवताओं पर अत्याचार करना बंद कर दो। जहाँ कहीं भी रहो, शांति से रहो और देवताओं को भी शांति से रहने दो।'

इस प्रकार गणेश से तालासुर ने जीवन-दान प्राप्त करके देवनगरी अमरावती को छोड़ दिया और अपनी राजधानी वापस लौट आया। इसके बाद तालासुर ने भविष्य में किसी को भी परेशान नहीं किया।

ढुंढिराज गणेश

एक बार भस्मासुर ने भगवान् शिवजी की कठिन तपस्या की। भस्मासुर की कठिन तपस्या से प्रसन्न होकर शिवजी ने भस्मासुर से वरदान माँगने को कहा। भस्मासुर को तो पहले से ही अनेक दिव्य शक्तियाँ प्राप्त थीं, इसलिए उसने शिवजी से यह वरदान माँगा कि वह जिस व्यक्ति के भी सिर पर हाथ रखे, वह जलकर भस्म हो जाए। शिवजी ने 'तथास्तु' कहकर भस्मासुर को यही वरदान दे दिया।

भस्मासुर बहुत दुष्ट प्रकृति का दैत्य था, इसलिए वह शिवजी से प्राप्त वरदान को परखने के लिए उनके पीछे-पीछे दौड़ने लगा। आगे शिवजी दौड़ रहे थे और पीछे-पीछे भस्मासुर भाग रहा था। भगवान् शिवजी को भस्मासुर से ऐसी आशा नहीं थी कि वह उनसे प्राप्त वरदान को उन्हीं के ऊपर परखेगा। इसलिए शिव अपनी जान बचाने के लिए भस्मासुर से दूर भाग रहे थे।

जब भगवान् विष्णु ने शिवजी को संकट में देखा तो वे एक सुंदरी का रूप बनाकर वहाँ पर आ गए और नृत्य करने लगे। भस्मासुर ने ऐसी सुंदर स्त्री पहले कभी नहीं देखी थी, इसलिए वह उसके रूप-सौंदर्य पर मोहित हो गया। उसके रूप-सौंदर्य ने भस्मासुर के सोचने-समझने की शक्ति छीन ली। वह उस स्त्री के नृत्य को एकटक देखता रहा और उसके हाव-भावों में ऐसा डूब गया कि उसे यह भी ध्यान नहीं रहा कि वह शिवजी द्वारा दिए गए वरदान की सत्यता को

परखने के लिए उनके पीछे भाग रहा है।

अब भस्मासुर नृत्य करती हुई उस परम सुंदरी के हाव-भावों का अनुकरण करने लगा; क्योंकि वह हर कीमत पर उस स्त्री को पाना चाहता था। स्त्री के रूप में भगवान् विष्णु ने नृत्य करते-करते अपना हाथ सिर पर रख लिया। भस्मासुर ने भी वैसा ही किया। जैसे ही उसने अपना हाथ सिर पर रखा, वह जलकर राख हो गया और शिवजी का वरदान सत्य साबित हुआ।

इस घटना के बहुत समय बाद भस्मासुर का पुत्र दुरासद मुकुंद नाम की नगरी पर राज्य करता था। दुरासद ने भी पिता के समान ही कठिन तपस्या की और भगवान् शिवजी को प्रसन्न किया। जब दुरासद की कठिन तपस्या से प्रसन्न होकर शिवजी ने उससे वरदान माँगने को कहा तो उसने संपूर्ण ब्रह्मांड में किसी से न डरने का वरदान माँगा और इसके साथ ही अमरत्व का वरदान माँगते हुए कहा कि इस संसार में किसी भी प्राणी द्वारा उसकी मृत्यु न हो।

शिव ने कहा, 'दुरासद, तुम अजेय रहोगे और अनंत काल तक शासन करोगे। इस संसार में गणेश के अलावा कोई भी तुम्हें पराजित नहीं कर सकेगा।'

दुरासद ने जैसे ही शिव से वरदान प्राप्त किया तो वह और अधिक अत्याचारी हो गया। उसके अत्याचार इतने अधिक बढ़ गए कि देवता और ऋषि-मुनियों का जीना दूभर हो गया।

सभी देवता विवश थे। शिवजी के द्वारा दिए गए वरदान के कारण देवता दुरासद को कुछ भी दंड नहीं दे सकते थे। इसलिए सभी देवता मिलकर ब्रह्माजी के पास गए और अपनी व्यथा कह सुनाई। ब्रह्माजी ने देवताओं को सलाह दी कि वे गणेश की शरण में जाएँ। केवल गणेश ही दुरासद को पराजित करने की

क्षमता रखते हैं। क्योंकि अपने वरदान में शिवजी ने कहा था कि इस संसार में केवल गणेश द्वारा ही दुरासद को पराजित किया जा सकता है।

जब गणेश ने देवताओं की व्यथा सुनी तो वे तुरंत उनकी सहायता करने के लिए तैयार हो गए और दुरासद को परास्त करने के लिए मुकुंद नगरी आए तथा दुरासद को युद्ध के लिए ललकारा। दुरासद ने भी अपना शक्तिशाली रूप बनाया और युद्ध के लिए तैयार हो गया। कुछ ही देर में दोनों में घमासान युद्ध शुरू हो गया। देखते-ही-देखते गणेश ने दुरासद को प्रतिमा के रूप में परिवर्तित करके उसके अत्याचारों का हमेशा-हमेशा के लिए अंत कर दिया। काशी नगरी में आज भी दुरासद की प्रतिमा है। गणेशजी ने दुरासद पर काशी में बतौर ढुंढिराज बनकर रहना स्वीकार कर लिया।

गणेश और रावण की कथा

लंकापति रावण का नाम इस संसार में कौन नहीं जानता! राक्षस जाति में जन्म लेने के बाद भी वह विद्वान् और शिव का अनन्य भक्त था। जिस प्रकार रावण ज्ञानी और विद्वान् था, उसी प्रकार उसका पुत्र मेघनाद भी अत्यंत शक्तिशाली और पराक्रमी था। उसका इंद्रजित् नाम इंद्र को पराजित करने के कारण ही पड़ा था। रावण के समान शिव का दूसरा और कोई भक्त इस संसार में नहीं था। वह प्रतिदिन पूजा करते समय शिवलिंग पर अपने सिर काट-काटकर अर्पित करता था।

शिवजी के आत्मलिंग पर रावण की बुरी दृष्टि थी। रावण शिव के आत्मलिंग को अपने वश में करके शिव के समान ही शक्तिशाली बनना चाहता था। रावण ने शिव के आत्मलिंग को अपने अधिकार में करने के लिए कैलास पर्वत पर जाकर कठोर तपस्या शुरू की, जिससे भगवान् शिव प्रसन्न हो सकें।

रावण की कठोर तपस्या से भगवान् शिवजी प्रसन्न हुए और साक्षात् दर्शन देकर रावण को इच्छित वरदान माँगने को कहा। रावण ने वरदान में शिव से आत्मलिंग माँगा। भगवान् शिव ने आत्मलिंग तो दे दिया, किंतु रावण को चेतावनी दी कि वह इसे लंका ले जाते समय भूमि पर रखने की भूल कभी न करे। यदि उसने इसे भूमि पर रखा तो वह वहीं पर स्थापित हो जाएगा।

रावण आत्मलिंग को लेकर खुशी-खुशी लंका की ओर चलने लगा। लंका

नगरी अभी बहुत दूर थी और शाम का समय था। रावण का संध्याकालीन पूजा-अर्चना का समय हो चुका था। रावण के लिए यह बहुत संकट का समय था। आत्मलिंग को हाथ में लेकर न तो रावण पूजा-अर्चना ही कर सकता था और न ही आत्मलिंग को भूमि पर रख सकता था। वह करे तो क्या करे? उसकी समझ में कुछ भी नहीं आ रहा था। वह इधर-उधर देख रहा था कि यदि उसे कोई व्यक्ति मिल जाए तो वह आत्मलिंग उसे पकड़ाकर अपनी शाम की पूजा-अर्चना कर सके।

शिव ने जो वरदान रावण को दिया था, उसके विषय में सभी देवता जानते थे। इसलिए सभी देवता गणेश के पास गए और उन्हें सारी स्थिति से अवगत कराया। तब गणेश ने देवताओं को भरोसा दिलाया कि वह इस स्थिति में रावण से आत्मलिंग ले लेंगे। अब गणेश एक छोटे बालक के वेश में उस स्थान पर पहुँच गए, जहाँ रावण किसी व्यक्ति की तलाश में खड़ा था। जब गणेश को उसने बालक के रूप में देखा तो वह बहुत प्रसन्न हुआ और बोला, 'अरे बालक, इधर आओ और थोड़ी देर के लिए इस आत्मलिंग को पकड़ लो।' बालक ने रावण से कहा, 'अभी मैं शीघ्रता में हूँ। मुझे शीघ्र ही कहीं पर पहुँचना है।'

जब रावण ने देखा कि बालक आत्मलिंग को पकड़ना नहीं चाहता तो उसने उसे अनेक प्रकार के लालच दिए, जिससे बालक आत्मलिंग को पकड़ने के लिए तैयार हो गया। रावण ने उसे चेतावनी भी दी कि वह किसी भी स्थिति में आत्मलिंग को भूमि पर न रखे। इस प्रकार बालक के हाथ में रावण ने आत्मलिंग को दे दिया और पूजा-अर्चना करने के लिए समुद्र के किनारे चला गया।

रावण अभी पूजा कर ही रहा था कि बालक ने जोर से कहा कि 'मैं इस प्रतिमा को अधिक देर तक नहीं पकड़ सकता, क्योंकि यह बहुत भारी है।' बालक की आवाज सुनकर रावण ने विनयपूर्वक कहा कि 'थोड़ी देर और पकड़े रहो, बस मेरी पूजा-अर्चना पूरी होने वाली है।' किंतु बालक के रूप में गणेश ने उस आत्मलिंग को भूमि पर रख दिया और स्वयं अंतर्धान हो गए।

पूजा समाप्त करने के बाद जब रावण ने आत्मलिंग को भूमि पर स्थापित देखा तो उसे बहुत दुःख हुआ। उसने उसे उठाने की बहुत कोशिश की, पर आत्मलिंग उससे हिला भी नहीं। अंत में रावण ने आत्मलिंग को वहीं पर छोड़ दिया और दुःखी मन से लंका वापस लौट गया।

अब उस स्थान पर एक भव्य मंदिर बना हुआ है, जहाँ हजारों भक्त दर्शन के लिए आते हैं। यह मंदिर 'महादेव महाबलेश्वरम्' के नाम से जाना जाता है। इस मंदिर में गोकर्ण के रूप में गणेश भी विराजमान हैं।

गणेश-परशुराम विवाद

परशुराम महर्षि जमदग्नि और रेणुका के पुत्र थे। कहा जाता है कि परशुराम ने इस पृथ्वी को इक्कीस बार क्षत्रियों से विहीन कर दिया था। परशुराम अपने क्रोध के लिए बहुत प्रसिद्ध थे। 'पद्मपुराण' को पढ़ने से ज्ञात होता है कि परशुराम ने अपनी माता रेणुका के कहने पर जब क्षत्रियों का विनाश किया तो उन्होंने वंश को छोड़ दिया था।

एक बार परशुराम शिव-पार्वती का आशीर्वाद लेने के लिए कैलास पर्वत पर पहुँचे। उस समय शिव-पार्वती अपने निवास के भीतरी कक्ष में विराजमान थे और मुख्य द्वार की सुरक्षा के लिए गणेश व कार्तिकेय दोनों द्वार पर उपस्थित थे। परशुराम ने जब गणेश और कार्तिकेय को द्वार पर उपस्थित देखा तो उन्होंने अपनी इच्छा व्यक्त की कि वे शिव-पार्वती के दर्शन करना चाहते हैं। गणेश आज्ञाकारी पुत्र थे। उन्होंने परशुराम को द्वार पर रोकते हुए कहा कि "इस समय मेरे माता-पिता एकांतवास में हैं। मैं उनकी आज्ञा के बिना आपको अंदर जाने की अनुमति नहीं दे सकता। इसलिए मैं जब तक उनकी अनुमति लेकर आता हूँ, तब तक आप यहाँ पर प्रतीक्षा कीजिए।"

परशुराम ने गणेश से विनयपूर्वक कहा कि वे केवल शिव-पार्वती के श्रीचरणों में प्रणाम करना चाहते हैं। किंतु गणेश ने परशुराम की एक नहीं सुनी और द्वार रोककर खड़े हो गए। अब तो परशुराम को क्रोध आ गया। पहले तो

गणेश और परशुराम में बहुत देर तक बहस होती रही, किंतु बाद में दोनों युद्ध करने के लिए तैयार हो गए। कार्तिकेय ने गणेश और परशुराम को बहुत समझाने की कोशिश की, लेकिन दोनों ही अपनी बात पर अड़े रहे।

परशुराम ने क्रोध में आकर गणेश को इस प्रकार धक्का दिया कि वह भूमि पर गिर पड़े। गणेश भी शांत रहनेवाले नहीं थे। वे भी उठे और परशुराम पर वार करने के लिए उनके पीछे दौड़े। अब तो परशुराम ने गणेश पर वार करने के लिए फरसा उठा लिया। गणेश ने परशुराम को अपनी सूँड़ में लपेटकर हवा में उठाकर संपूर्ण ब्रह्मांड के दर्शन करा दिए। परशुराम ने गणेश की सूँड़ से स्वयं को छुड़ाने की बहुत कोशिश की, लेकिन कोई लाभ नहीं हुआ। परशुराम बहुत असहाय अवस्था में थे। जब तक वे गणेश की सूँड़ से अपने को छुड़ाते, तब तक गणेश ने उन्हें महासागर में फेंक दिया।

गणेश ने फिर से परशुराम को अपनी सूँड़ में लपेटकर उस स्थान के दर्शन कराए, जहाँ राधा-कृष्ण एक साथ विराजमान थे। इस प्रकार परशुराम को दंड के साथ-साथ उनके पापों का प्रायश्चित्त भी हो गया।

गणेश-वाहन मूषक की कथा

मूषक किस प्रकार गणेश की सवारी बना? 'गणेश-पुराण' के अनुसार, गंधर्वराज क्रौंच इंद्रसभा से लौटते समय बहुत जल्दी में थे, इसलिए उन्होंने अनजाने में मुनि वामदेव का पैर कुचल दिया। गंधर्वराज क्रौंच ने जानबूझकर यह अपराध नहीं किया था, लेकिन फिर भी उन्हें दंड का भागीदार बनना पड़ा। मुनि वामदेव क्रौंच द्वारा अपना पैर कुचले जाने से अत्यंत क्रोधित हो गए और उन्होंने इसे अपमान समझकर क्रौंच को शाप दे दिया। क्रोध के कारण मुनि वामदेव अपनी बुद्धि व विवेक दोनों खो बैठे और शाप देते हुए बोले, 'क्रौंच, तुम चूहे बन जाओ!'

इस प्रकार क्रौंच मुनि वामदेव के शाप के कारण चूहा बनकर सीधा महर्षि पराशर के आश्रम में जाकर गिर पड़ा। क्रौंच चूहे के रूप में पहाड़ के समान विशाल शरीरवाला था। उसे देखकर आश्रम के लोग भय के कारण काँपने लगते थे। उस चूहे ने आश्रम में अत्यंत उपद्रव मचा रखा था। वह अपने मार्ग में आनेवाली वस्तु को नष्ट कर देता था। महर्षि पराशर उस भयानक चूहे के उत्पात से बहुत परेशान थे।

गणेश महर्षि पराशर और उनकी पत्नी वत्सला के पास ही रहते थे। महर्षि की परेशानी को वे समझ गए और उन्होंने मन-ही-मन निश्चय कर लिया कि वे निश्चय ही इस चूहे का उत्पात समाप्त करके उसे अपना वाहन बनाएँगे।

गणेश ने चूहे को पकड़ने के लिए एक दिव्य फंदा चूहे पर फेंका तो उस फंदे से इतनी चमक निकली जिससे सारा ब्रह्मांड प्रकाशमान हो उठा। वह फंदा चूहे का पीछा करते-करते उसके पास पहुँचा और उसकी गरदन से जाकर लिपट गया। फंदे के लिपटने से चूहा बेहोश हो गया। जब चूहे को होश आया तो वह गणेश के पास था; क्योंकि फंदा ही चूहे को गणेश के पास लेकर गया था।

फंदे में फँसे हुए चूहे ने जब स्वयं को गणेश के निकट देखा तो उसने उनकी वंदना करते हुए कुछ शब्द ऐसे कहे, जिन्हें सुनकर गणेश को विश्वास हो गया कि यह चूहा किसी अपराध का दंड भुगत रहा है। जिस प्रकार यदि कोई अपनी दुष्टता को छिपा नहीं सकता, उसी प्रकार विशिष्टता भी छिपाने से नहीं छिपती।

उस चूहे के मुख से अपनी स्तुति सुनकर गणेश को उस पर दया आ गई।

गणेश चूहे से बोले, 'वैसे तो तुमने ऋषि-मुनियों को बहुत तंग किया है। किंतु तुमने जो मुझसे क्षमा-याचना की है, इसलिए मैं तुम्हें अपना वाहन बनाना स्वीकार करता हूँ।' ऐसा कहकर गणेश उस चूहे पर बैठ गए। वैसे तो चूहा बहुत शक्तिशाली और भारी शरीर से युक्त था, लेकिन जैसे ही गणेश उस पर बैठे तो वह उनके बोझ को सँभाल नहीं सका। जब गणेश के भार से दबकर चूहे का दम निकलने लगा तो वह जोर-जोर से चिल्लाने लगा, 'हे कृपानिधान! मैं आपके भार के नीचे दबा जा रहा हूँ। मुझ पर कृपा करके अपना भार कुछ कम कर लीजिए, जिसे मैं आसानी से उठा सकूँ और मेरे प्राण बच जाएँ।'

इस प्रकार गणेश को उस चूहे पर दया आ गई। उन्होंने अपना भार इतना कम कर लिया, जिसे चूहा आसानी से उठा सकता था। इसीलिए तो गणेशजी को 'दयालु' कहते हैं, क्योंकि वे अपने भक्तों पर हमेशा ही दया करते हैं। तब से ही गणेश का वाहन चूहा बन गया।

सिंदूरासुर का वध

द्वापर युग की बात है। एक समय भगवान् शिव ब्रह्माजी से मिलने की इच्छा से ब्रह्मलोक पहुँच गए। उस समय ब्रह्माजी गहरी नींद में सो रहे थे। लेकिन जैसे ही ब्रह्माजी को भगवान् शिव के आने का आभास हुआ, वे नींद से जाग गए और गहरी जम्हाई लेने लगे। जब ब्रह्माजी जम्हाई ले रहे थे, तभी उनके मुख से एक राक्षस निकला, जो बहुत सुंदर था। उन्होंने उस राक्षस को देखा तो आश्चर्य-चकित हो गए।

ब्रह्मा ने आश्चर्य से उस राक्षस से पूछा कि 'तुम कौन हो, कहाँ से आए हो और क्या चाहते हो?'

सृष्टि के रचयिता ब्रह्मा के मुख से इस प्रकार के प्रश्न सुनकर वह राक्षस बोला, 'भगवन्, गहरी नींद से जागने के उपरांत जब आपने गहरी जम्हाई ली, तभी मैं आपके मुख से निकला हूँ। इसलिए मैं आपका पुत्र कहलाने का अधिकारी हूँ।'

सृष्टि-नियंता ब्रह्माजी अपनी इस रचना को देखकर बहुत प्रसन्न हुए और उनके हृदय में अपनी इस रचना के प्रति प्रेम उमड़ पड़ा। वे बोले, 'तुम्हारे पूर्ण रूप से लाल रंग के होने के कारण मैं तुम्हारा नाम 'सिंदूर' रखता हूँ। तुम अपनी दिव्य शक्तियों के बल से तीनों लोकों को अपने अधिकार में कर सकते हो। मेरे आशीर्वाद से तुम्हारे अंदर इतना बल होगा कि जो तुमसे टकराएगा, वह नष्ट हो

जाएगा। यदि तुम क्रोध के वशीभूत होकर किसी भी व्यक्ति को अपनी भुजाओं में जकड़ लोगे तो वह चूर-चूर हो जाएगा। संपूर्ण ब्रह्मांड में तुम्हारा अहित करनेवाला दूसरा कोई व्यक्ति नहीं होगा। तीनों लोकों में तुम अपनी इच्छा से कहीं पर भी रह सकते हो।' इस प्रकार ब्रह्माजी ने सिंदूर को अनेक वरदान दे दिए।

ब्रह्माजी से वरदान प्राप्त करके सिंदूर की प्रसन्नता का कोई ठिकाना नहीं था। उसने पूरी श्रद्धा व भक्ति के साथ ब्रह्माजी के चरणस्पर्श किए और उनकी परिक्रमा करके पृथ्वीलोक की ओर चल पड़ा। रास्ते में सिंदूर सोचने लगा कि ब्रह्माजी ने जो वरदान मुझे दिए हैं, वे तो कठिन तपस्या के बाद भी दुर्लभता से प्राप्त होते हैं, फिर क्या कारण है जो मुझे इतने दुर्लभ वरदान प्रदान किए हैं? मुझे ब्रह्मा द्वारा दिए गए वरदानों की सत्यता को परख लेना चाहिए। इन्हीं विचारों में खोया हुआ सिंदूर वरदान की सत्यता परखने के लिए वापस लौट आया और सीधा ब्रह्माजी के पास पहुँच गया। ब्रह्माजी ने जब सिंदूर को अपने सामने देखा तो वे आश्चर्यचकित रह गए।

अपने सामने सिंदूर को भयंकर गर्जना करते हुए देखकर ब्रह्माजी डर गए और बोले, 'पुत्र, तुम्हारे वापस लौटकर आने का क्या कारण है?'

सिंदूर ने उत्तर दिया, 'मैं देखना चाहता हूँ कि आपके द्वारा दिए गए वरदान सत्य होते हैं अथवा नहीं? इसलिए मैं सबसे पहले आपको अपनी भुजाओं में दबाकर देखना चाहता हूँ कि आप चूर-चूर होते हैं या नहीं। मैं तो आपके इस ब्रह्मलोक में रहने की इच्छा से ही आया हूँ। आपके द्वारा दिए वरदान के अनुसार मैं इस संपूर्ण ब्रह्मांड में कहीं पर भी अपनी इच्छा से रह सकता हूँ, तो फिर मैं

इस ब्रह्मलोक को छोड़कर दूसरी जगह पर रहने के लिए क्यों जाऊँ?'

सिंदूर की इस प्रकार की बातें सुनकर ब्रह्माजी क्रोधित हो गए और बोले, 'सिंदूर, तुम्हारे आकर्षक रूप को देखकर मैं तुम्हारे प्रेम के वशीभूत हो गया और तुम्हें तपस्वियों की भाँति दुर्लभ वरदान देने की भूल कर बैठा। यदि मुझे तुम्हारे स्वभाव की कुटिलता का आभास पहले ही हो जाता तो मैं तुम्हें कभी भी ऐसे वरदान नहीं देता। मेरे द्वारा दिए गए वरदानों को जो तुमने मेरे ही विरुद्ध प्रयोग किया है, उसका तुम्हें दंड अवश्य मिलेगा। मैं तुम्हें शाप देता हूँ कि तुम इसी पल राक्षस बन जाओगे। इस संसार के लोग तुम्हें 'सिंदूरासुर' कहकर पुकारेंगे। शिव-पार्वती के पुत्र गणेश एक दिन तुम्हारा वध करेंगे।' 'सिंदूरासुर' को शाप देकर ब्रह्माजी अंतर्धान हो गए।

एक दिन की बात है कि सिंदूर अपनी सभा में बैठा था। वह मन-ही-मन सोच रहा था कि मेरे पास जो दिव्य शक्तियाँ हैं, उनका उपयोग मैंने आज तक नहीं किया। पृथ्वी पर कोई भी प्राणी ऐसा नजर नहीं आता जो मुझे युद्ध के लिए ललकार सके। इसीलिए मैं आज तक किसी से युद्ध नहीं कर सका। यहाँ तक कि ब्रह्मा और विष्णु भी मुझसे डरते हैं। इस प्रकार तो मेरी युद्ध करने की इच्छा अधूरी ही रह जाएगी।

तभी आकाशवाणी हुई—'अरे मूर्ख! अपनी शक्ति पर इतना अभिमान मत कर। तेरे युद्ध करने की अभिलाषा को पूरा करनेवाला इस पृथ्वी पर अवतार ले चुका है और वही तेरा वध करेगा। उस महान् योद्धा ने शिव-पार्वती के पुत्र के रूप में जन्म लिया है। यदि तुझे अपने प्राण प्रिय हैं, तो तू शिव-पार्वती के उस पुत्र से बचकर रहना।'

सिंदूर ने जैसे ही आकाशवाणी सुनी तो वह बहुत घबरा गया। वह किसी भी कीमत पर उस बालक की हत्या करना चाहता था, जो बड़ा होकर उसका वध करेगा। सिंदूर क्रोध के वशीभूत होकर शिव-पार्वती के पुत्र को खोजता हुआ कैलास पर्वत पर गया, किंतु उसे वहाँ पर भी कोई नहीं मिला। निराश होकर उसे वापस लौटना पड़ा।

सिंदूर ने अभिमान के कारण मन-ही-मन सोच लिया कि शिव-पार्वती अपने परिवार सहित उससे डरकर कैलास पर्वत को छोड़कर वहाँ से कहीं और चले गए हैं। किंतु वास्तव में ऐसा नहीं था, बल्कि शिव-पार्वती तो अदृश्य रूप में वहीं पर विराजमान थे। उनके दर्शनों से सिंदूर घमंड के कारण ही वंचित रह गया था। शक्ति के मद में चूर सिंदूर को शिव-पार्वती के दर्शन नहीं हुए।

इसके बाद सिंदूर ने उस बालक को पृथ्वीलोक में खोजने की बहुत कोशिश की, लेकिन उसे वह कहीं पर भी नहीं मिला। मूर्ख सिंदूर ने सोचा कि यह भी हो सकता है कि मेरा वध करने के लिए उस बालक ने अभी तक जन्म ही न लिया हो! किंतु वह बालक जन्म तो पार्वती द्वारा ही प्राप्त करेगा। इसलिए मेरी भलाई इसी में है कि मैं पार्वती को ही समाप्त कर दूँ। जब पार्वती ही न रहेंगी तो वह बालक भी जन्म नहीं लेगा और मुझे सदैव मृत्यु का भय भी नहीं सताएगा। सिंदूर ने पार्वती को मारने के लिए जैसे ही शस्त्र से प्रहार किया, उसने पार्वती की गोद में एक अलौकिक बालक को लेटे हुए देखा।

जब सिंदूर ने उस बालक को देखा तो उसे मृत्यु का भय सताने लगा। सिंदूर ने पार्वतीजी की गोद से उस बालक को उठाया और उसे मारने की योजना बनाने लगा। उस बालक को मारने के लिए वह उसे समुद्र में फेंकने के लिए ले जाने

लगा। बालक को ले जाते समय उसका भार इतना अधिक बढ़ गया कि सिंदूर को उसे उठाने में भी बहुत कठिनाई का सामना करना पड़ा। जब वह उसका भार सँभालने में असमर्थ हो गया तो उसने क्रोधित होकर उस बालक को भूमि पर दे मारा। किंतु वह बालक भूमि पर न गिरकर नर्मदा नदी के अंदर जा गिरा। उस स्थान को हम आज भी 'गणेश कुंड' कहते हैं।

बालक को मरा हुआ जानकर सिंदूर की प्रसन्नता का कोई ठिकाना नहीं था। जब सिंदूर वहाँ से वापस लौटने लगा तो एक विशाल आकृति कुंड से निकलकर बाहर आई। जब सिंदूर शस्त्र उठाकर उसे मारने के लिए दौड़ा तो न जाने वह आकृति कहाँ अदृश्य हो गई और पलक झपकते ही आकाश में विचरण करती हुई दिखाई दी। वह आकृति सिंदूर से बोली, 'अरे मूर्ख! तेरा अंत करनेवाला तो कहीं और जन्म ले चुका है तथा उसका पालन-पोषण भी कोई और कर रहा है। वह बालक सज्जनों की रक्षा करने के लिए ही पैदा हुआ है और वह तुम जैसे पापी का वध अवश्य करेगा। तुम चाहे कितना भी प्रयास कर लो, किंतु उसका कुछ भी अहित नहीं कर सकते!' इतना कहकर वह विशाल आकृति फिर अदृश्य हो गई।

महर्षि पराशर की छत्रच्छाया में पलकर अब गणेश नौ वर्ष के हो चुके थे। उस समय सिंदूर के अत्याचारों का आतंक चारों ओर फैल रहा था। उसने ऋषि-मुनियों का जीना तो और भी मुश्किल कर दिया था। सभी धार्मिक क्रियाएँ जैसे-यज्ञ-हवन, जप-तप आदि में सिंदूर ने विघ्न डालना आरंभ कर दिया था। जब गणेश ने देखा कि सिंदूरासुर के अत्याचार दिन-प्रतिदिन बढ़ते जा रहे हैं तो उन्होंने उसका वध करने का निश्चय कर लिया और महर्षि पराशर एवं उनकी

पत्नी से आज्ञा लेकर सिंदूर को मारने के लिए चल पड़े।

सिंदूरासुर की राजधानी घृस्त्रणेश्वर के समीप सिंदूरवाड़ थी। गणेश भयंकर गर्जना करते हुए सिंदूरवाड़ के उत्तरी भाग की ओर तेजी से बढ़ गए। जब सिंदूर ने शत्रु की भयंकर गर्जना को सुना तो उसने उसे युद्ध की चुनौती समझ लिया और क्रोधित होकर सभी अस्त्र-शस्त्रों से सज-धजकर युद्ध के मैदान में आ गया। गणेश से युद्ध करने की सिंदूर की तीव्र इच्छा थी।

जब सिंदूर ने गणेश के रूप में अपने सामने नौ वर्ष के बालक को देखा तो उसे बहुत आश्चर्य हुआ कि वह उसका वध करने आया है! उस छोटे बालक से युद्ध करना भी सिंदूर को अपना अपमान महसूस हुआ। वह उस बालक से बोला, 'अरे मूर्ख बालक! तुम्हारे भोले चेहरे को देखकर मुझे तुम पर बहुत दया आ रही है। तुम अभी बहुत छोटे हो। तुम्हारी आयु मुझ जैसे शक्तिशाली से युद्ध करने की नहीं है। यदि तुम्हें अपने प्राण प्रिय हैं तो यहाँ से लौट जाओ और

जाकर अपनी माँ का दूध पियो।'

सिंदूर की बातें सुनकर गणेश क्रोधित होकर बोले, 'अरे दुष्ट राक्षस! मैं तुमसे डरनेवाला नहीं हूँ। तुम जैसे दुष्ट, अत्याचारी, पापी को मृत्युदंड देने के लिए मैंने इस पृथ्वी पर जन्म लिया है। यदि तुम अपने पापों के लिए मुझसे क्षमा माँगो तो मैं तुम्हें जीवनदान दे सकता हूँ। मैं तुम्हें अपनी शरण में तभी लूँगा, जब तुम ऋषि-मुनियों पर अत्याचारों को करना बंद कर दोगे। यदि तुमने ऐसा नहीं किया तो तुम्हारी मृत्यु निश्चित है।'

इतना कहकर गणेशजी ने अपने शरीर का आकार पर्वत के समान विशाल कर लिया। उनका विशालकाय शरीर मानो आकाश को छू रहा था। गणेश के विशाल शरीर को देखकर सिंदूर भय से काँपने लगा और उसे अपनी शक्ति का जो अभिमान था, वह भी चूर-चूर हो गया। लेकिन सर्वशक्तिमान सिंदूर ने हिम्मत नहीं हारी और भयंकर गर्जना के साथ हाथ में तलवार लेकर आक्रमण करने के उद्देश्य से गणेश पर टूट पड़ा।

सिंदूर पर क्रोधित होते हुए गणेश बोले, 'अरे दुष्ट पापी! तुझे मेरी शक्ति पर अब भी विश्वास नहीं है। लगता है, तुझे अपने प्राणों से मोह नहीं है। अब तेरी मृत्यु निश्चित है। अब तुझे मरने से कोई नहीं रोक सकता।' इतना कहकर उन्होंने सिंदूरासुर की गरदन इतने जोर से पकड़ी कि दम घुटने से उसी समय उसकी मृत्यु हो गई और उसकी आँखें बाहर निकल आईं। उसका शरीर निष्प्राण होकर भूमि पर गिर पड़ा। सिंदूरासुर की मृत्यु के बाद समस्त ऋषि-मुनियों ने चैन की साँस ली और उन्हें दुष्ट सिंदूरासुर के अत्याचारों से हमेशा के लिए मुक्ति मिल गई।

वक्रतुंड अवतार

देवराज इंद्र के प्रमाद से एक प्रसिद्ध राक्षस का जन्म हुआ, जिसका नाम मत्सर था। मत्सर ने शिव पंचाक्षरी मंत्र (ॐ नमः शिवाय) की दैत्य गुरु शुक्राचार्य से शिक्षा ग्रहण की और भगवान् शंकर से वरदान प्राप्त करने के लिए कठिन तपस्या की। भगवान् शंकर ने देवी पार्वती सहित उसे साक्षात् दर्शन देकर वरदान माँगने को कहा। जब मत्सर ने अपनी इच्छा के अनुसार वरदान प्राप्त कर लिये तो देवी पार्वती ने 'तुम्हें किसी से भय नहीं होगा' कहकर एक वरदान और दे दिया।

जब मत्सर शिव-पार्वती से वरदान प्राप्त करके अपने निवास-स्थान पर लौटा तो शुक्राचार्य ने उसे दैत्यों का राजा बना दिया। सभी दैत्यों ने मिलकर मत्सर से प्रार्थना की कि वर प्राप्त होने के कारण आपको कोई भयभीत नहीं कर सकता, इसलिए आप निडर होकर विश्व-विजय करें।

अपने सेवकों की बात को मत्सर ने प्रसन्नतापूर्वक स्वीकार कर लिया और विश्व-विजय करने की इच्छा से एक बहुत बड़ी सेना लेकर अनेक राजाओं पर आक्रमण कर दिया। वीर-पराक्रमी दैत्यराज मत्सर की सेना के सामने सभी राजाओं की शक्ति कमजोर पड़ गई। कुछ तो भय के कारण युद्ध का मैदान छोड़कर भाग गए और कुछ युद्ध में हार गए। इस प्रकार, सारी पृथ्वी पर मत्सरासुर का ही अधिकार हो गया।

अब मत्सरासुर ने पाताललोक पर चढ़ाई करके वहाँ भी विनाश-लीला प्रारंभ कर दी, जिसके कारण पाताल के राजा शेषनाग ने उसकी दासता को स्वीकार करके नियमित रूप से कर देना स्वीकार कर लिया। पृथ्वीलोक और पाताल-लोक को जीतने के बाद भी मत्सरासुर का मन नहीं भरा। इसलिए उसने वरुण, कुबेर, यम आदि देवताओं को युद्धभूमि में हराकर स्वर्गलोक में इंद्र की नगरी अमरावती को भी चारों ओर से घेर लिया। पराक्रमी इंद्र देवता भी मत्सरासुर का युद्ध में सामना न कर सके और उससे परास्त हो गए। इस प्रकार स्वर्गलोक पर भी मत्सरासुर का अधिकार हो गया।

असुरों के अत्याचारों से दुःखी होकर जब सभी देवताओं ने कैलास पर्वत पर जाकर भगवान् शंकर को अपनी कथा सुनाई तो भगवान् शिव ने भी असुरों के इस कार्य की बहुत निंदा की। जब मत्सरासुर को इस समाचार का पता चला तो उसने अपनी सेना को लेकर कैलास पर्वत पर चढ़ाई करके भगवान् शिव से युद्ध किया और उन्हें पाश में बाँध दिया। इस प्रकार भगवान् शंकर को हराकर मत्सरासुर ने कैलास पर्वत पर भी अपना अधिकार कर लिया।

कैलास और स्वर्गलोक का राज्य अपने पुत्रों को सौंपकर मत्सरासुर अपने निवास मत्सरावास में रहने लगा। जहाँ राक्षसों का कठोर शासन था और वहाँ अनीति, अत्याचार, अधर्म का ही बोलबाला था। मत्सरासुर के अत्याचारों से दुःखी होकर सभी देवता उसके विनाश का उपाय सोचने लगे। देवता बहुत चिंतित और दुःखी थे, क्योंकि उन्हें मत्सरासुर के विनाश का कोई रास्ता दिखाई नहीं दे रहा था। तभी वहाँ पर दत्तात्रेय देव आ गए। उन्होंने दुःखी देवताओं को वक्रतुंड के एकाक्षरी मंत्र (गं) का उपदेश देकर उन्हें यज्ञ करने के लिए कहा।

भगवान् शंकर के साथ-साथ सभी देवताओं ने मिलकर वक्रतुंड का ध्यान करके मंत्र का जाप किया। वक्रतुंड शीघ्र ही फल देनेवाले हैं। वे देवताओं की प्रार्थना से प्रसन्न हुए और दर्शन देकर बोले, 'आपको चिंता करने की आवश्यकता नहीं है। मैं अवश्य ही मत्सरासुर का घमंड चूर करूँगा!'

वक्रतुंड ने जैसे ही अपने गणों को याद किया तो गणों की अनगिनत सेना अस्त्र-शस्त्रों से सज-धजकर उपस्थित हो गई। वक्रतुंड सेना सहित मत्सरासुर की राजधानी पहुँच गए और उसे युद्ध के लिए ललकारा। वक्रतुंड की ललकार को सुनकर और शत्रु-सेना को देखकर मत्सरासुर की सेना के बड़े-बड़े साहसी असुर युद्ध के मैदान में आ गए। लेकिन जब उन्होंने गणों की असंख्य सेना को देखा तो उनके होश उड़ गए। वे दौड़कर मत्सरासुर के पास आकर बोले, 'स्वामी, शत्रु बहुत ही बलशाली और पराक्रमी है। इसलिए युद्ध करना हमारे हित में नहीं है।'

अपनी सेना को भयभीत देखकर मत्सरासुर क्रोध से आगबबूला होकर युद्ध के मैदान में आ पहुँचा। दोनों सेनाओं में घमासान युद्ध हुआ। मत्सरासुर के दोनों पुत्रों ने भगवान् शंकर को भी युद्ध में मूर्च्छित कर दिया। यह देखकर वक्रतुंड के दो गण सामने आए और उन्होंने मत्सरासुर के दोनों पुत्रों को मौत के घाट उतार दिया। जब मत्सरासुर को अपने दोनों पुत्रों की मृत्यु का समाचार मिला तो वह दुःख से छटपटाने लगा। किंतु असुरों ने शत्रु-सेना का नाश करने और बदला लेने के लिए मत्सरासुर को प्रेरित किया। असुरों के द्वारा उकसाने पर मत्सरासुर दुगुने उत्साह के साथ युद्ध में आया और वक्रतुंड का बहुत अपमान किया। मत्सरासुर अभिमान में चूर होकर युद्ध करने के लिए बड़ा ही उतावला हो रहा था।

शक्ति के मद में चूर मत्सरासुर से वक्रतुंड बोले, 'अरे दुष्ट राक्षस! यदि तू जीवित रहना चाहता है तो मेरी शरण में आकर क्षमा माँग ले, अन्यथा तेरी मृत्यु निश्चित है।'

अपने दो पुत्रों की मृत्यु से मत्सरासुर बहुत दुःखी था और वक्रतुंड के विशाल शरीर को देखकर वह इतना डर चुका था कि उसने अपने अपराध के लिए क्षमा माँगना ही उचित समझा।

मत्सरासुर ने वक्रतुंड के चरणों में सिर झुकाकर प्रार्थना की और अपने अपराधों के लिए क्षमा माँगी। वक्रतुंड ने मत्सरासुर की प्रार्थना से प्रसन्न होकर उसे अपनी अनपायनी भक्ति प्रदान की और देवताओं को मत्सरासुर के अत्याचारों से मुक्ति दिलाकर उन्हें भी अपनी भक्ति प्रदान की।

एकदंत अवतार

मद की उत्पत्ति महर्षि च्यवन के द्वारा हुई थी। मद महर्षि च्यवन के चरणों में प्रणाम करके और उनकी आज्ञा लेकर दैत्य गुरु शुक्राचार्य के पास पाताललोक पहुँच गया। मद ने वहाँ शुक्राचार्य को प्रणाम किया और हाथ जोड़कर एक ओर खड़ा हो गया। शुक्राचार्य ने मद को एक ओर खड़े देखकर पूछा कि 'तुम कौन हो, कहाँ से आए हो और तुम्हारे यहाँ आने का क्या कारण है?'

मद ने अपना परिचय देकर कहा कि 'मैं महर्षि च्यवन का पुत्र हूँ और चाहता हूँ कि आप मुझे अपने शिष्य के रूप में स्वीकार करें। मैं संपूर्ण ब्रह्मांड का अधिपति बनना चाहता हूँ। इसलिए कृपया मुझे मार्गदर्शन दीजिए।'

शुक्राचार्य ने मद को शिष्य के रूप में स्वीकार करके एकाक्षरी मंत्र (ह्री) की शिक्षा दी। इस प्रकार मद शुक्राचार्य का आशीर्वाद लेकर वन में कठोर तपस्या करने लगा। हजारों वर्षों तक मद ने निराहार रहकर तपस्या की। कठोर तपस्या के कारण मद का शरीर सिर्फ अस्थियों का ढाँचा रह गया। तपस्या में लीन मद के चारों ओर पेड़-पौधे और लताएँ उग आईं। सिंहवाहिनी भगवती मद की कठोर तपस्या से प्रसन्न हो गईं और साक्षात् दर्शन देकर वरदान देते हुए कहा कि 'तुम्हें ब्रह्मांड का अचल राज्य प्राप्त होगा। तुम्हें कभी कोई रोग नहीं होगा और तुम्हारी सभी इच्छाएँ पूरी होंगी।' इतना कहकर देवी अदृश्य हो गईं और मदासुर वरदान प्राप्त करके अपने घर आ गया।

मदासुर के राज्य में दूर-दूर से आकर वीर और पराक्रमी दैत्य भी रहने लगे। मदासुर ने अपने घर को बहुत सुंदर बनाया और प्रमादासुर की कन्या लालसा से विवाह कर लिया। मदासुर ने अपने गुरु शुक्राचार्य को अपने राज्य में उच्च पद पर सुशोभित कर दिया।

मदासुर का वैवाहिक जीवन सुखपूर्वक व्यतीत हो रहा था। मदासुर की पत्नी ने विलासी, लोलुप और धनप्रिय नाम के तीन पुत्रों को जन्म दिया। अत्यंत शक्तिशाली मदासुर ने संपूर्ण पृथ्वी पर अपना एकाधिकार करने के बाद स्वर्गलोक पर आक्रमण करके देवराज इंद्र को भी हरा दिया। भगवान् शंकर को पराजित करने के बाद मदासुर तीनों लोकों का स्वामी बन गया। अब संपूर्ण ब्रह्मांड में अत्याचारी और क्रूर दैत्यों का अधिकार हो गया। इस पृथ्वी पर स्वाहा, स्वधा और वषट्कर आदि धार्मिक क्रियाएँ बंद हो गईं। चारों ओर दैत्यों के अत्याचारों से हाहाकार मचने लगा। यह देखकर सभी तपस्वी और ऋषि-मुनियों को बहुत कष्ट होता था।

सभी देवता मिलकर दैत्यों के सर्वनाश एवं धर्म की स्थापना के लिए महर्षि सनत्कुमार के पास गए और प्रार्थना करके दैत्यों की दासता से मुक्ति का उपाय पूछने लगे। सनत्कुमार ने कहा, 'आप एकदंत भगवान् की श्रद्धा और भक्तिपूर्वक स्तुति करें। वे आपकी आराधना से प्रसन्न होकर अवश्य ही आपको दर्शन देंगे तथा आप सबकी इच्छा पूरी करेंगे।'

महर्षि सनत्कुमार के आदेशानुसार देवताओं ने एकदंत भगवान् की सौ वर्षों तक कठिन तपस्या की। देवताओं की कठिन तपस्या से प्रसन्न होकर मूषक वाहक एकदंत भगवान् ने साक्षात् दर्शन देकर कहा कि 'देवगणो! मैं तुम्हारी

तपस्या से अत्यंत प्रसन्न हूँ। अपनी इच्छानुसार वर माँग लो।'

एकदंत भगवान् के चरणों में प्रणाम करके देवता बोले, 'हे पार्वती-नंदन! जब से मदासुर ने तीनों लोकों पर अपना अधिकार किया है, तब से हम लोग स्थानभ्रष्ट और ऋषि-मुनि कर्मभ्रष्ट हो चुके हैं। इसलिए हमारी रक्षा कीजिए। हमें हमारे दुःखों से छुटकारा दिलाकर अपनी भक्ति प्रदान कीजिए।'

देवर्षि नारद तुरंत मदासुर के पास गए और उसे सारी बातें बता दीं। नारद ने मदासुर को बताया कि 'एकदंत भगवान् ने देवताओं की प्रार्थना को स्वीकार करके उन्हें इच्छापूर्ति का वर दिया है। अब एकदंत भगवान् तुम्हें कभी जीवित नहीं छोड़ेंगे। यदि तुम्हें अपने प्राण प्रिय हैं तो तुम भी पार्वती-पुत्र एकदंत भगवान् की शरण में चले जाओ?'यह बात सुनकर मदासुर को बहुत क्रोध आया और वह अपनी विशाल सेना के साथ उनसे युद्ध करने चल दिया। रास्ते में मदासुर को मूषक पर सवार विशाल शरीरवाले एकदंत भगवान् मिले। एकदंत भगवान् के हाथों में भयानक परशु, पाश आदि शस्त्र सुशोभित थे।

एकदंत भगवान् के इस विशाल और भयानक रूप को देखकर दैत्य डर गए और हाहाकार करने लगे। तभी मदासुर ने अपने दूत को भेज दिया। दूत ने एकदंत भगवान् के श्रीचरणों में प्रणाम करके कहा, 'मैं तीनों लोकों के स्वामी मदासुर का दूत हूँ। आपकी इस छवि को देखकर हमारे स्वामी आश्चर्यचकित हो गए हैं। आप कौन हैं, कहाँ से आ रहे हैं और आपका क्या काम है?सब कुछ बताकर हमारे स्वामी का संदेह दूर कीजिए।' इतना कहकर दूत शांत हो गया।

एकदंत भगवान् ने हँसते हुए कहा कि 'मैं स्वानंदवासी हूँ और स्वानंद से ही मदासुर का वध करने आया हूँ। तुम अपने स्वामी मदासुर से कह दो कि वह

देवताओं से वैर-भाव न करे। यदि उसे अपने प्राण प्रिय हैं तो वह मेरी शरण में आ जाए। मैं उसे जीवनदान दे दूँगा। यदि उसने ऐसा नहीं किया तो उसकी मृत्यु मेरे हाथों से ही होगी।'

जब मदासुर ने दूत का संदेश सुना तो उसे नारद के शब्द याद आ गए। इतना ही नहीं, मदासुर ने एकदंत के कर-कमलों में परशु और पाश को भी देख लिया था। लेकिन फिर भी अत्याचारी मदासुर ने एकदंत से युद्ध करने का इरादा नहीं बदला। जैसे ही मदासुर ने धनुष पर बाण चढ़ाने की कोशिश की तो परशु तेजी से आकर उसके हृदय पर लगा। अब तो मदासुर 'हाय-हाय' करता हुआ मूर्च्छित होकर जमीन पर गिर पड़ा। जैसे ही उसकी मूर्च्छा दूर हुई तो परशु उठाकर देखने लगा। किंतु परशु मदासुर के हाथ से छूटकर एकदंत भगवान् के हाथों में चला गया।

यह देखकर मदासुर समझ गया कि ये अवश्य ही सर्वशक्तिमान, सर्वात्मा भगवान् हैं। इसलिए वह आसुरी भाव छोड़कर एकदंत भगवान् के चरणों में गिरकर प्रार्थना करने लगा कि 'प्रभु, यह मेरा सौभाग्य है कि आज मुझे आपके दर्शन का अवसर प्राप्त हुआ है। आपके दर्शन पाकर मैं धन्य हो गया हूँ। मेरे पापों को क्षमा करके अपनी शरण में ले लीजिए और मुझे अपनी अनन्य भक्ति प्रदान कीजिए।'

महोदर अवतार

बहुत पहले की बात है। तारक नाम का एक असुर था। उसने ब्रह्माजी की बहुत समय तक कठोर तपस्या की, जिसके कारण उसकी तपस्या से प्रसन्न होकर ब्रह्माजी ने उसे तीनों लोकों का स्वामी बनने का वरदान दे दिया। ब्रह्माजी के वरदान के फलस्वरूप वह कुछ दिनों में स्वर्गलोक, पृथ्वीलोक, पाताललोक–तीनों लोकों का स्वामी बन बैठा। उसके राज्य में देवता तथा मुनिगण वनों में रहते हुए कष्टपूर्वक दिन बिताते थे। देवताओं ने पहले तो भगवान् शिव की आराधना की। किंतु उस समय भगवान् शिवजी समाधि में लीन थे, इसलिए विवश होकर देवताओं को माता पार्वती की शरण में जाना पड़ा।

माता पार्वती ने देवताओं से कहा कि आप सब अपना कार्य करें। और स्वयं सुंदर भीलनी का रूप बनाकर शिव की समाधि भंग करने के उद्देश्य से वहाँ पर आ गईं जहाँ शिवजी समाधि में लीन थे। पार्वती वहाँ सुगंधित फूलों को चुनते हुए मोह पैदा करने लगीं। उस स्त्री के रूप–सौंदर्य को देखकर शंकरजी की समाधि भंग हो गई। जैसे ही शिवजी की समाधि भंग हुई, वहाँ से भीलनी अदृश्य हो गई। तब शिव द्वारा कामदेव की उत्पत्ति हुई, जो बहुत ही सुंदर और अभिमानी था।

भगवान् शंकर तो अंतर्यामी थे। वे पार्वतीजी की लीला को समझ गए,

इसलिए शंकरजी ने क्रोध में आकर कामदेव को जलाकर भस्म कर दिया। तब कामदेव की पत्नी ने महोदर की पूजा-अर्चना की। महोदर ने कामदेव की पत्नी की आराधना से प्रसन्न होकर उन्हें साक्षात् दर्शन देकर कहा, 'शिवजी का शाप कभी व्यर्थ नहीं जा सकता। इसलिए मैं तुम्हारे पति को रहने के लिए दूसरा शरीर प्रदान करता हूँ। हे सुंदरी! यौवन, नारी, पुष्प ये सब कामदेव के निवास-स्थल हैं। गाना, मकरंद रस, उद्यान, पक्षियों की मधुर ध्वनि, वसंत और चंदन आदि सब तुम्हारे आवास हैं।' विषय-वासना में लीन मनुष्यों का साथ, गुप्त अंगों का दर्शन, मंद वायु, सुंदर वास, नए वस्त्र-आभूषण : ये सब अनेक प्रकार के शरीर हैं, जो मैंने तुम्हारे लिए ही बनाए हैं। इन सब शरीरों में रहकर भी तुम पहले के समान ही देवताओं के साथ-साथ भगवान् शंकर को भी जीत सकते हो। जब श्रीकृष्ण इस पृथ्वी पर अवतार लेंगे, तब तुम उनके पुत्र प्रद्युम्न के रूप में जन्म लोगे।'

स्वामी कार्तिकेय ने महोदर की आराधना की और महोदर के षडाक्षर मंत्र (वक्रतुण्डाय हुम्) का विधिपूर्वक जाप किया, जिससे प्रसन्न होकर महोदर ने देवताओं की इच्छा पूरी करने और तारकासुर को मारने का वरदान दे दिया।

महोदरजी से वरदान प्राप्त करके मोहासुर गुरु शुक्राचार्य के पास गया। शुक्राचार्य ने उसे दैत्यों के राजा के पद पर प्रतिष्ठित कर दिया। अब मोहासुर तीनों लोकों पर विजय प्राप्त करके अपनी सुंदर पत्नी मदिरा (प्रमादासुर की पुत्री) के साथ सुखपूर्वक रहने लगा। इस दैत्य के डर से मुनि, तपस्वी और देवता वन में जाकर छिप गए। धर्म-कर्म सबकुछ नष्ट-भ्रष्ट हो गया। सभी देवता दुःखी होकर भगवान् सूर्य की शरण में आकर दैत्य से मुक्ति का उपाय

पूछने लगे। भगवान् सूर्य ने एकाक्षर मंत्र का जप करके गणपति को प्रसन्न करने का परामर्श दिया। भगवान् सूर्य की आज्ञा से देवता और मुनियों ने अनेक कष्टों को सहकर भी गणपति की आराधना की। देवताओं की प्रार्थना से प्रसन्न होकर महोदर ने प्रकट होकर मोहासुर का विनाश करने का वरदान दिया।

देवताओं की रक्षा करने के लिए महोदर मोहासुर से युद्ध करने के लिए चल पड़े। लेकिन इस बात की सूचना देवर्षि नारद ने मोहासुर को पहले ही दे दी थी। नारदजी ने मोहासुर को महोदर की शरण में जाने की सलाह दी और उन्हें महोदर के वास्तविक रूप से भी परिचित करा दिया।

तभी महोदर के दूत लक्ष्मीपति विष्णु ने मोहासुर के पास आकर कहा कि 'यदि तुम्हें अपने प्राण प्रिय हैं तो शक्ति-संपन्न परम प्रभु महोदर की शरण में जाकर जीवनदान माँग लो और देवताओं तथा ऋषियों की धार्मिक क्रियाओं में बाधा न डालते हुए उन्हें सुखपूर्वक रहने दो। तुम्हारे ऐसा करने पर महोदर भगवान् तुम्हें क्षमा कर देंगे, अन्यथा तुम्हारी मृत्यु निश्चित है।'

तब अहंकार रहित होकर मोहासुर ने महोदर भगवान् की शरण ली और मोहासुर की प्रार्थना को स्वीकार करके महोदर ने उसके नगर में प्रवेश किया। मोहासुर ने महोदर भगवान् की पूजा-अर्चना करके उनके हर आदेश का पालन करने का वचन दिया। इसके बाद देवता, ऋषि, ब्राह्मण सभी सुखपूर्वक रहने लगे।

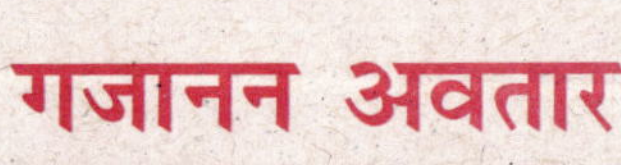

गजानन अवतार

कहा जाता है कि धन के राजा कुबेर ने एक बार कैलास पर्वत पर जाकर भगवान् शंकर और देवी पार्वती के दर्शन किए। सौंदर्यशाली पार्वती को कुबेर ने देखा तो बस देखता ही रह गया। कुबेर का इस प्रकार देखना पार्वती को अच्छा नहीं लगा और वे क्रोधित हो गईं। जगज्जननी माता पार्वती की क्रोधित दृष्टि से भयभीत कुबेर से लोभासुर नाम के दैत्य की उत्पत्ति हुई। लोभासुर तुरंत गुरु शुक्राचार्य के पास जाकर प्रार्थना करने लगा कि वे उसे शिष्य के रूप में स्वीकार कर लें। गुरु शुक्राचार्य ने उसे शिव के पंचाक्षरी मंत्र (ऊँ नमः शिवाय) का जप

और तप करने की आज्ञा दी। गुरु की आज्ञा से लोभासुर ने एकांत वन में जाकर शुद्ध हृदय से भगवान् शिव का ध्यान किया। शिव के पंचाक्षरी मंत्र का जप करते हुए जब लोभासुर को बहुत समय बीत गया तो भगवान् शंकर ने प्रसन्न होकर उसे वरदान माँगने के लिए कहा। भगवान् शंकर के साक्षात् दर्शन पाकर लोभासुर बहुत प्रसन्न हुआ और भगवान् के चरणों में नतमस्तक होकर अनेक प्रकार से पूजा-अर्चना करने लगा। इससे भगवान् शंकर ने लोभासुर को निर्भय रहने का वरदान दिया।

अब लोभासुर के मन में किसी का कोई डर या भय नहीं था। लोभासुर ने दैत्यों की एक बहुत बड़ी सेना इकट्ठी कर ली। इसी सेना के बल पर उसने संपूर्ण भूमंडल पर अपना अधिकार कर लिया। लोभासुर अत्यंत प्रतापी और

शक्तिशाली राजा था। उसने समस्त राजाओं को पराजित कर दिया। जो राजा उससे युद्ध करने के लिए सामने आए, उन्हें लोभासुर ने मौत के घाट उतार दिया।

संपूर्ण पृथ्वी पर एकच्छत्र राज्य स्थापित करने के बाद लोभासुर के मन में स्वर्ग पर विजय प्राप्त करने की इच्छा हुई। इसलिए लोभासुर ने निर्भय होकर स्वर्गलोक पर चढ़ाई कर दी। देव और दानवों में घमासान युद्ध हुआ। लेकिन पराक्रमी लोभासुर ने देवताओं को परास्त कर दिया। देवराज इंद्र तो अपनी जान बचाकर सीधे विष्णु भगवान् के पास पहुँचे और उन्हें अपने दु:ख से अवगत कराया। भगवान् विष्णु तुरंत इंद्र के साथ युद्ध में आ गए, ताकि असुरों का नाश कर सकें। पराक्रमी लोभासुर के सामने विष्णु भी अधिक समय तक टिक न सके और उन्हें भी पराजय का मुख देखना पड़ा।

इंद्र और भगवान् विष्णु को परास्त करने के बाद लोभासुर ने सोचा कि अब भगवान् शंकर अवश्य देवताओं की रक्षा करेंगे। इसलिए उसने कैलास पर्वत पर भगवान् शंकर के पास अपना दूत भेजकर संदेश भिजवा दिया कि 'या तो भगवान् शंकर युद्धभूमि में आकर मेरा सामना करें या फिर कैलास को मुझे सौंपकर कहीं दूसरे स्थान पर चले जाएँ।'

भगवान् शंकर को इस बात का ज्ञान था कि लोभासुर को निर्भय होने का वरदान उन्होंने ही दिया था, इसलिए उन्होंने स्वयं ही कैलास पर्वत को छोड़ना उचित समझा।

लोभासुर की प्रसन्नता का कोई ठिकाना नहीं था, क्योंकि वह बिना युद्ध किए ही कैलास पर्वत का स्वामी बन गया था। अब तो लोभासुर के राज्य में पाप, अधर्म, अनीति, अत्याचार का खुला तांडव होने लगा और धर्म-कर्म सब नष्ट हो गए। ऋषि-मुनि, ब्राह्मणों को कठोर यातनाएँ झेलनी पड़ती थीं। लोभासुर

के अत्याचारों से सभी देवगण अत्यंत दुःखी थे। वे लोभासुर के अत्याचारों से मुक्ति पाने का उपाय खोजने लगे।

महर्षि रैम्य ने कहा कि 'हे देवगणो! मूषकारूढ़ गजानन की आराधना करने से तुम्हारे समस्त कष्टों का निवारण हो जाएगा।' देवताओं ने महर्षि रैम्य की बात मानकर गजानन की पूजा आरंभ कर दी, जिसके फलस्वरूप गजानन ने साक्षात् दर्शन देकर उन्हें आश्वासन दिया कि वे अवश्य ही लोभासुर का अभिमान नष्ट कर देंगे।

इसके बाद भगवान् शिव ने लोभासुर से कहा कि या तो तुम युद्ध करने के लिए तैयार हो जाओ, अन्यथा गजानन की शरण में जाकर शांतिपूर्वक अपना जीवन व्यतीत करो। भगवान् शिव ने गजमुख की महिमा से भी लोभासुर को अवगत करा दिया। अभिमानी लोभासुर को गुरु शुक्राचार्य ने भी गजमुख की शरण में जाने की सलाह दी। लोभासुर ने गणेश की महिमा को समझकर उनकी शरण ली और उन्हीं की आराधना करने लगा। इस प्रकार देव, मुनि, ब्राह्मण सभी सुखपूर्वक रहने लगे और गजानन का गुणगान करने लगे।

लंबोदर अवतार

एक बार शिव भगवान् विष्णु के मोहिनी रूप को देखकर कामातुर हो गए। भगवान् विष्णु ने जब देखा कि शिव कामातुर हो रहे हैं तो उन्होंने तुरंत मोहिनी रूप त्याग दिया और पुष्प रूप धारण कर लिया। बस यह देखकर शिव क्रोधित हो उठे और उनके वीर्य की बूँद पृथ्वी पर गिरने से एक असुर की उत्पत्ति हुई। वह असुर अत्यंत शक्तिशाली था। वह सीधा दैत्य गुरु शुक्राचार्य के पास जाकर प्रार्थना करने लगा कि 'हे आचार्य! कृपया मुझे अपने शिष्य के रूप में स्वीकार कीजिए।'

उस समय दैत्य गुरु शुक्राचार्य ध्यान में लीन थे। उन्होंने अपने योग की शक्ति के द्वारा तुरंत जान लिया कि यह दैत्य कौन है। शुक्राचार्य ध्यान से निवृत्त होकर बोले, 'हे असुर! शिव के क्रोध के समय उनका रेतस (वीर्य) गिर जाने से तुम्हारा जन्म हुआ है, इसलिए तुम्हारा नाम 'क्रोधासुर' रखता हूँ।'

शुक्राचार्य ने क्रोधासुर को शिक्षा द्वारा योग्य बनाकर शंबरासुर की पुत्री से उसका विवाह करा दिया। क्रोधासुर ने प्रसन्न होकर शुक्राचार्य के चरणों में प्रणाम किया और बोला, 'यदि आप आज्ञा दें तो मैं संपूर्ण ब्रह्मांड पर विजय प्राप्त करना चाहता हूँ। मेरी आपसे प्रार्थना है कि आप मुझे यश प्रदान करने के मंत्र की शिक्षा देने की कृपा करें।'

शुक्राचार्य तो हमेशा ही असुरों के हितैषी थे। उन्होंने क्रोधासुर को सौर यंत्र

(ॐ घ्रणि सूर्य आदित्य ॐ) की शिक्षा दी। क्रोधासुर ने शुक्राचार्य द्वारा दिए इस मंत्र का बहुत दिनों तक वन में जप किया। सूर्य-मंत्र का जप करते हुए क्रोधासुर को बहुत समय बीत गया। क्रोधासुर निराहार रहते हुए ऊपर दृष्टि करके, सर्दी, गरमी व बरसात को सहन करके कठिन तपस्या करता रहा, जिससे सूर्यदेव को प्रसन्न कर सके।

क्रोधासुर की तपस्या से एक दिन सूर्यदेव प्रकट हो गए। क्रोधासुर ने सूर्यदेव को अपने सम्मुख देखकर नतमस्तक हो प्रणाम किया और बोला, 'हे त्रिगुणात्मक देव! (उत्पत्ति, स्थिति और संहार) मैं संपूर्ण ब्रह्मांड का स्वामी हो जाऊँ, कभी मेरी मृत्यु न हो, मेरा शरीर हमेशा निरोगी रहे, इस संसार में अद्वितीय सिद्ध हो जाऊँ, ऐसा वरदान दीजिए।' इतना कहकर क्रोधासुर शांत हो गया। इसके बाद सूर्यदेव ने 'तुम्हारा अभीष्ट सफल हो' कहकर क्रोधासुर को वर दे दिया।

इच्छित वरदान प्राप्त करके क्रोधासुर ने सबसे पहले गुरु शुक्राचार्य के चरणों में जाकर प्रणाम किया और फिर अपने घर चला गया। क्रोधासुर को देखकर उसके सगे-संबंधी बहुत प्रसन्न हुए। क्रोधासुर की पत्नी ने हर्ष और शोक नाम के दो पुत्रों को जन्म दिया। इस प्रकार क्रोधासुर अनेक भोगों को सुखपूर्वक भोगने लगा।

दैत्य-गुरु शुक्राचार्य को क्रोधासुर ने बुलाया और उनका उचित आदर-सत्कार किया। प्रसन्न होकर दैत्य-गुरु ने सुंदर विलासपुरी में क्रोधासुर को दैत्यराज के पद पर सुशोभित कर दिया। अब वह विलासपुरी में शासन करने लगा। एक दिन जब क्रोधासुर ने दरबारियों के सामने संपूर्ण ब्रह्मांड पर विजय

प्राप्त करने की इच्छा प्रकट की तो सभी असुरों की प्रसन्नता का कोई ठिकाना न रहा। क्रोधासुर ने सेना तैयार करके विजय-यात्रा प्रारंभ कर दी और शीघ्र ही संपूर्ण पृथ्वी को अपने अधीन कर लिया।

संपूर्ण पृथ्वी को जीतने के बाद क्रोधासुर इंद्र की नगरी अमरावती पर आक्रमण करके उसे भी अपने अधिकार में ले लिया। देवगण अमरावती छोड़कर भाग गए। अमरावती के साथ-साथ क्रोधासुर ने कैलास पर भी अपना अधिकार कर लिया। सूर्यदेव भी क्रोधासुर को वर देने के कारण विवश थे। इसलिए जब उसने अपना दूत भेजा तो सूर्यदेव को भी सूर्यलोक छोड़ना पड़ा। इस प्रकार सूर्यलोक पर भी क्रोधासुर का अधिकार हो गया।

देवताओं व ऋषियों ने दुःखी होकर लंबोदर की पूजा-अर्चना की। देवताओं की पूजा से प्रसन्न होकर लंबोदर ने देवताओं को दर्शन देकर कहा, 'देवो और ऋषियो! आपको चिंता करने की आवश्यकता नहीं है। मैं क्रोधासुर का अहंकार नष्ट कर दूँगा।'

क्रोधासुर को जब लंबोदर की कही हुई बात का पता चला तो वह डर के कारण मूर्च्छित हो गया। चेतना आने पर क्रोधासुर के सैनिकों ने समझाया कि 'स्वामी! संपूर्ण ब्रह्मांड पर आपका एकच्छत्र अधिकार है। यदि आपकी आज्ञा हो तो हम बड़े-से-बड़े शत्रु का भी विनाश कर सकते हैं।' अपने सैनिकों के वीरतापूर्ण शब्दों को सुनकर क्रोधासुर को बड़ा साहस मिला और वह अपनी सेना को लेकर युद्धभूमि में आ गया।

मूषक वाहन, गजानन, त्रिनेत्र लंबोदर को क्रोधासुर ने देखा कि उनकी नाभि में शेषनाग लिपटा था। इस रूप को देखकर तो क्रोधासुर का क्रोध और भी बढ़

गया। लंबोदर और क्रोधासुर के मध्य घमासान युद्ध होने लगा। लंबोदर के गणों के साथ देवता भी क्रोधासुर की सेना से युद्ध कर रहे थे। क्रोधासुर की ओर से बालि, रावण, माल्यवान्, कुंभकरण, राहु आदि महापराक्रमी योद्धा भी युद्धभूमि में घायल होकर गिर पड़े। युद्धभूमि के महान् योद्धाओं को भी लंबोदर ने देवताओं के सहयोग से परास्त कर दिया। यह देखकर क्रोधासुर अत्यंत दुःखी हुआ।

महान् योद्धाओं के घायल हो जाने से दुःखी क्रोधासुर बोला, 'अरे मूर्ख लंबोदर! क्या तेरी मति मारी गई है, जो तू मुझ जैसे पराक्रमी, ब्रह्मांड-विजयी से युद्ध करने चला आया? यदि तुझे अपने प्राण प्रिय हैं तो मेरी शरण में आ जा, अन्यथा एक ही तीर से तेरा उदर फोड़ दूँगा।'

क्रोधासुर की बातें सुनकर लंबोदर बोले, 'अरे दुष्ट! मैं तेरा ही तो वध करने आया हूँ। व्यर्थ में बातें बनाकर समय मत गँवा। तूने जो भी पाप किए, वे सब सूर्यदेव से प्राप्त वर के प्रभाव से किए हैं। अब मैं अधर्म व अत्याचार का नाश करके पुनः धर्म की स्थापना करूँगा। तू मुझे पहचान। मैं मन-वाणी से परे, आनंदस्वरूप हूँ। सभी भूतों में मेरा निवास है। तू मुझे कभी पराजित नहीं कर सकता।'

क्रोधासुर ने पूछा कि 'कभी भी ब्रह्म का जन्म नहीं होता। मन-वाणी से परे जो अगोचर है वह मुझे दिखाई क्यों दे रहा है?'

क्रोधासुर की शंका दूर करने के लिए लंबोदर ने कहा कि 'मेरे वामांग में जो सिद्धि है, वह भ्रांतिस्वरूप है। दक्षिणांग में बुद्धि विराजमान है, जो भ्रांति को धारण करती है। इसलिए मनुष्य बुद्धि से विचार करके उस विषय में भ्रमित होता

है। मैं सिद्धि और बुद्धि दोनों का पति हूँ। अनेक प्रकार का विश्व और ब्रह्मांड मेरे उदर से उत्पन्न होता है, मुझसे ही पालित होता है और अंत में मैं ही सबको उदरस्थ कर लेता हूँ।'

लंबोदर ने क्रोधासुर से कहा कि 'यदि तुम जीवनदान चाहते हो तो मेरी शरण में आ जाओ। मैं तुम्हें क्षमा कर दूँगा। तुम्हारे गुरु शुक्राचार्य तो मुझे भली प्रकार समझते हैं। उनके समझाने पर भी तुम नहीं समझ पाए। मैं देवताओं का वध होते नहीं देख सकता। अपने-अपने कर्म और धर्म में लगे लोगों का मैं ही पालन करता हूँ।'

भगवान् लंबोदर के वचनों को सुनकर क्रोधासुर का संदेह समाप्त हो गया। वह भक्ति-भाव से लंबोदर भगवान् के चरणों में गिर गया और श्रद्धा व भक्ति से उसने लंबोदर भगवान् की पूजा की। क्रोधासुर लंबोदर भगवान् की आज्ञा पाकर पाताललोक को चला गया।

विकट अवतार

एक बार विष्णु अपनी पत्नी वृंदा के पास गए तो उनके शुक्र से अत्यंत तेजस्वी कामासुर का जन्म हुआ। कामासुर दैत्य गुरु शुक्राचार्य के पास गया और उन्हें दंडवत् प्रणाम करके बोला, 'गुरुदेव, मुझे शिष्य के रूप में स्वीकार कर लीजिए और मुझे शिष्य के कर्तव्यों का पालन करने का आदेश दीजिए।' दैत्यों के शुभचिंतक शुक्राचार्य ने कामासुर को शिव पंचाक्षरी मंत्र की शिक्षा दी। इसके बाद कामासुर गुरु के चरणों में प्रणाम करके तपस्या करने चला गया।

कामासुर अन्न, जल, फलादि त्यागकर शिव के पंचाक्षरी मंत्र का जप करने लगा। कामासुर को जब सैकड़ों वर्ष तपस्या करते हुए बीत गए, तब शंकर भगवान् प्रकट हुए और बोले, 'वरदान माँगो।'

भगवान् शिव के साक्षात् दर्शन करके कामासुर बहुत प्रसन्न हुआ और उनके चरणों में प्रणाम करके बोला, 'हे प्रभु! मुझे संपूर्ण ब्रह्मांड का राज्य और आपकी भक्ति चाहिए। मैं बलवान्, निर्भय और मृत्यु पर विजय प्राप्त कर सकूँ।'

भगवान् शिव ने कहा कि, 'मैं तुम्हारी कठिन तपस्या से प्रसन्न हूँ। यद्यपि तुमने कठिन और देवताओं को दुःख देनेवाला वर माँगा है, तथापि जाओ, तुम्हारी इच्छा अवश्य पूरी होगी।' इतना कहकर भगवान् शंकर अंतर्धान हो गए।

शिवजी से वरदान प्राप्त करने के बाद कामासुर ने गुरु शुक्राचार्य के पास जाकर प्राप्त वर और भगवान् शिव के साक्षात् दर्शन की बात बता दी। इसके बाद

शुक्राचार्य ने महिमासुर की पुत्री तृष्णा के साथ कामासुर का विवाह संपन्न करा दिया और कामासुर को दैत्यों का राजा बना दिया। दूर-दूर के प्रसिद्ध राजा कामासुर के राज्य में आकर बस गए और उसकी अधीनता स्वीकार कर ली।

कामासुर ने अपनी राजधानी रति नाम के नगर में बनाई। कामासुर पाँच दैत्यों के साथ मिलकर राज्य के सभी कार्य देखता था। रावण, शंबर, महिष, बाली, दर्मद : ये सब उसके दरबार के प्रमुख योद्धा थे, जिनके बल पर उसका राज्य सुरक्षित था। एक दिन कामासुर ने अपने प्रमुख दैत्यों से सलाह करके पृथ्वी के दूसरे राजाओं को जीतने के लिए चढ़ाई कर दी। प्रमुख असुरों के तेज बाणों से घायल होकर दूसरे राजाओं ने कामासुर की अधीनता स्वीकार कर ली। फिर उसने स्वर्ग पर आक्रमण करके इंद्रादि देवताओं को भी परास्त कर दिया। इस प्रकार कामासुर तीनों लोकों का स्वामी बन गया।

कामासुर के राज्य में छल-कपट, ईर्ष्या, द्वेष, पाप-झूठ का चारों ओर बोलबाला हो गया। सभी धार्मिक क्रियाएँ स्वाहा, स्वधा, वषट्कार सबका विनाश हो गया। कामासुर के राज्य में देवता, ऋषि, मुनि एवं समस्त धर्म-परायण लोगों का जीवन अत्यंत कष्टमय हो गया। अपने दुःखों से छुटकारा पाने के लिए समस्त देवता महर्षि मुद्गल के पास गए और बोले, 'महर्षि, हमारी कामासुर से रक्षा कीजिए।'

महर्षि मुद्गल ने कहा, 'मयूरेश एक सिद्ध क्षेत्र है। यदि आप वहाँ जाकर जप करेंगे तो भगवान् गणेश प्रसन्न होकर अवश्य ही तुम्हारे दुःखों का अंत करेंगे।'

इसके बाद शिवादि प्रमुख देवताओं ने सिद्ध क्षेत्र में जाकर श्रद्धा और भक्ति

से गणेश की पूजा की और वे एकाक्षरी मंत्र का जप करने लगे। गणेश भक्त-वत्सल हैं। उनके प्रकट होने पर देवताओं ने कहा कि 'प्रभु, कामासुर से हमारी रक्षा कीजिए। उसके कारण हम सब स्थानभ्रष्ट हो चुके हैं।'

इसके बाद गणेश ने कामासुर का वध करने और देवताओं के कष्टों को दूर करने का वचन दे दिया।

जब कामासुर ने गणेश की घोषणा सुनी तो उसने अन्य दैत्यों के साथ मिलकर ऋषि, मुनि और देवताओं पर आक्रमण कर दिया। देवता, ऋषि, मुनि सब कामासुर से डरकर मयूरेश का स्मरण करने लगे। तभी मयूरेश ने प्रकट होकर भयंकर गर्जना की कि 'मैं कामासुर का वध अवश्य करूँगा!'

उसी समय सैनिकों के साथ कामासुर भी वहाँ पर आ गया। दोनों ओर से घमासान युद्ध हुआ। देवताओं के प्रहारों से असुर डरकर इधर-उधर भागने लगे। कामासुर के दो पुत्र शोषण और दुष्पुर भी इस लड़ाई में मारे गए। कामासुर पुत्रों की मौत से बहुत दुःखी हुआ। अब उसके क्रोध की कोई सीमा नहीं थी। वह गजानन के पास आकर बोला, 'हे मूर्ख! तीनों लोकों पर मेरा अधिकार है। देख, ये समस्त देवता भी मूर्च्छित पड़े हैं। यदि तुझे अपने प्राण प्रिय हैं तो यहाँ से भाग जा।'

मयूर वाहन विकट ने उत्तर दिया कि 'शिवजी के वरदान के फलस्वरूप तू बहुत अधर्म, पाप, अत्याचार कर चुका है। मैं सृष्टि स्थिर, संहारक और जन्म-मृत्यु से परे हूँ। तू मुझे कभी नहीं मार सकता। तू अपने गुरु के उपदेश को स्मरण कर और मेरे स्वरूप को पहचान ले। यदि तुझे अपने प्राणों का मोह है तो क्षमा माँगकर मेरी शरण में आ जा, अन्यथा तेरी मृत्यु निश्चित है।'

मयूर वाहन विकट के नीतियुक्त वचनों को सुनकर कामासुर अत्यंत क्रोधित हो उठा। मयूर वाहन पर कामासुर द्वारा फेंकी गई गदा भूमि पर गिर पड़ी। वह भगवान् को छू भी न सकी। यह दृश्य देखकर कामासुर मूर्च्छित होकर भूमि पर गिर पड़ा और जब उसे होश आया तो उसके शरीर के हर अंग में बहुत पीड़ा थी। वह अपने शरीर को बहुत ही निर्जीव अनुभव कर रहा था। अब कामासुर के मन में विचार आया कि अवश्य ही यह कोई देवता है, जिसने बिना शस्त्र उठाए ही मेरी ऐसी दयनीय स्थिति कर दी। क्रोध में आकर यदि इन्होंने शस्त्र का प्रयोग कर लिया तो मेरी मृत्यु निश्चित है।

अब कामासुर ने मन में उठ रहे अनेक प्रश्नों का उत्तर भगवान् विकट से पूछा। मन की शंका का समाधान होने पर कामासुर ने दयामय मयूर वाहन विकट की शरण ली। वह मयूर वाहन के चरणों में प्रणाम करके शांत जीवन बिताने का वचन देकर वापस चला गया। उसके बाद चारों ओर धर्म का साम्राज्य होने से देवता बहुत प्रसन्न हुए।

विघ्नराज अवतार

एक दिन विवाह के बाद पार्वती अपनी सखियों से बातें करते समय हँसने लगी। उनकी हँसी से पर्वत के आकार का एक पुरुष उत्पन्न हुआ।

उसे देखकर आश्चर्यचकित होकर पार्वती ने पूछा, 'तुम कौन हो?कहाँ से आए हो?और तुम्हारी क्या इच्छा है?'

पार्वती के प्रश्नों का उत्तर देते हुए पर्वताकार पुरुष बोला, 'माता, मैं अभी आपके हास्य से उत्पन्न होने के कारण आपका ही पुत्र हूँ। मुझे आज्ञा दीजिए कि मैं आपकी क्या सेवा करूँ?'

पर्वताकार की बातें सुनकर पार्वतीजी बोलीं, 'मैं अपने प्राणाधार से मान किए बैठी थी कि उस मान की स्थिति में तुम्हारी उत्पत्ति हो गई। इसलिए तुम्हारा नाम भी मान परायण मम (ममता) होना चाहिए। तुम गणेश का स्मरण करो। उनके स्मरण से ही तुम्हें सबकुछ प्राप्त होगा।' पार्वती ने मम को षडाक्षर मंत्र (वक्रतुण्डाय हुम्) की शिक्षा दी। मम श्रद्धा और भक्ति से माता पार्वती के चरणों में प्रणाम करके वन में तप करने चला गया।

वन में शंबरासुर को देखकर मम ने पूछा, 'आप कौन हैं तथा यहाँ किस कारण से आए हैं?'

शंबर ने कहा कि मैं तुम्हें विद्या सिखाने आया हूँ, जिसके प्रभाव से तुम बहुत शक्तिशाली हो जाओगे। शंबर ने मम को अनेक प्रकार की आसुरी विद्याएँ

सिखाईं, जिनके प्रभाव से मम कामरूप हो गया। उसने शंबर से कहा कि 'आपने मुझे अनेक प्रकार की शक्तियाँ प्रदान की हैं। आप मेरे गुरु हैं। कृपया मुझे आदेश दें कि मैं क्या करूँ?'

शंबरासुर ने उससे कहा कि, 'तुम विघ्नराज की उपासना करो। जब तुम्हारी तपस्या से विघ्नराज प्रसन्न होंगे तो तुम उनसे संपूर्ण ब्रह्मांड का राज्य और अमरता का वरदान माँग लेना। तब ही तुम शक्तिशाली बनोगे। और जैसे ही तुम्हें विघ्नराज से वर मिले तो सीधे मेरे पास आना।'

मम को आदेश देकर शंबरासुर तो घर वापस आ गया, लेकिन मम वन में रहकर कठिन तपस्या करने लगा। केवल वायु पर आश्रित रहकर गजमुख का ध्यान करता। उनके मंत्र का उच्चारण करते हुए सैकड़ों वर्ष बीत गए। आखिर एक दिन गजमुख ने ममता की तपस्या से प्रसन्न होकर साक्षात् दर्शन दिए और इच्छित वर माँगने को कहा।

गजानन को सामने देखकर मम बहुत प्रसन्न हुआ और भक्ति-भाव से गजानन की चरण-वंदना करके वर माँगते हुए बोला, 'प्रभु, आप मुझे ब्रह्मांड का स्वामी बना दीजिए। युद्ध में मेरे लिए कोई रुकावट न हो और मुझे अमोघ अस्त्र प्रदान कीजिए।'

मम का वरदान सुनकर विघ्नराज बोले, 'तुमने दुःसाध्य वर माँगा है। तुम्हारी कठिन तपस्या से प्रसन्न होकर मैं तुम्हें यह वरदान भी देता हूँ, इतना कहकर विघ्नराज अंतर्धान हो गए। वर प्राप्त करके प्रसन्न होता हुआ मम शंबरासुर के पास गया। शंबरासुर ने प्रसन्न होकर मम के साथ अपनी सुंदर कन्या मोहिनी का विवाह कर दिया।

जब दैत्य गुरु शुक्राचार्य को शंबरासुर द्वारा मम के वरदान के विषय में ज्ञात हुआ तो उन्होंने उसे दैत्याधिपति नियुक्त कर दिया। उसके साथ प्रेत, काल, कलाप, कालजीत, धर्मध–इन पाँच प्रमुख दैत्यों को उच्च पद पर नियुक्त कर दिया। मम ने अपने राज्य में आए हुए सभी दैत्यों और राजाओं की बड़ी सेवा की, जिससे प्रसन्न होकर सभी दैत्य अपने राज्यों को वापस चले गए। मम ने रहने के लिए चिंतानाशक निर्मलपुरी का निर्माण किया और वहाँ सुखपूर्वक रहने लगा। उसकी पत्नी ने दो पुत्रों को जन्म दिया, जिनके नाम धर्म और अधर्म थे।

एक दिन ममासुर गुरु शुक्राचार्य के पास आकर संपूर्ण ब्रह्मांड पर विजय प्राप्त करने की लालसा प्रकट करने लगा तो शुक्राचार्य ने समझाया कि 'तुम अवश्य दिग्विजयी बनो, किंतु यह कभी मत भूलना कि संपूर्ण शक्तियाँ तुम्हें विघ्नराज की कृपा से मिली हैं। इसलिए उनका कभी विरोध मत करना।'

गुरु का आदेश शिरोधार्य करके ममासुर ने बड़े-बड़े शक्तिशाली योद्धाओं की सेना एकत्रित की और युद्धभूमि में पहुँच गया। शीघ्र ही ममासुर ने पराक्रमी पुत्रों और शक्तिशाली योद्धाओं द्वारा पृथ्वी और पाताल पर विजय प्राप्त कर ली। अब ममासुर ने स्वर्ग पर आक्रमण करके इंद्र के साथ इतना भयंकर युद्ध किया कि चारों ओर रक्त की नदियाँ बहने लगीं। देवता भी इस युद्ध में शक्तिशाली ममासुर के सामने अधिक देर न ठहर सके। स्वर्ग पर अधिकार होने के बाद ममासुर ने शिव और विष्णु को भी परास्त कर दिया। इस प्रकार उसने संपूर्ण ब्रह्मांड पर विजय प्राप्त करके देवताओं को कारागार में डाल दिया। ममासुर के राज्य में चारों ओर अनीति व अत्याचार का बोलबाला हो गया।

कारागार में बंदी सभी देवता ममासुर के अत्याचारों से मुक्ति का उपाय सोचने लगे। विष्णु भगवान् ने कहा, 'यदि हम विघ्नराज की उपासना करें तो अवश्य ही धर्म की स्थापना और असुरों का विनाश हो सकता है।' सभी देवता मिलकर विघ्नराज के एकाक्षरी मंत्र का जप करने लगे। एक वर्ष बाद शेषवाहन विघ्नराज देवताओं के सामने प्रकट हो गए। श्रद्धा और भक्तिपूर्वक नतमस्तक होकर देवता बोले, 'प्रभु, ममासुर के राज्य में चारों ओर अधर्म और पाप का बोलबाला है। ममासुर के कारागार में हम अनेक कष्टों को भोग रहे हैं। कृपया अत्याचारी ममासुर से हमारी रक्षा कीजिए।' विघ्नराज देवताओं को ममासुर के विनाश का आश्वासन देकर अंतर्धान हो गए।

यह समाचार जब ममासुर को मिला तो वह आश्चर्यचकित हो गया। तभी विघ्नराज ने देवर्षि नारद को अपना दूत बनाकर ममासुर के पास भेजा। दूत ने ममासुर के पास जाकर कहा कि 'विघ्नराज सर्वपालक, सर्वसमर्थ, सर्वात्मा तथा अधर्म के शत्रु हैं। उन्हीं की कृपा से तुमने तीनों लोकों में विजय प्राप्त की है। तुम्हारे राज्य से धर्म का विनाश हो चुका है और कारागार में बंदी देवगण कष्ट उठा रहे हैं। विघ्नराज की आज्ञा है कि अपने राज्य से अधर्म और अनाचार को समाप्त करके मेरी शरण में आ जाओ, अन्यथा तुम्हारा विनाश निश्चित है।'

लेकिन गुरु शुक्राचार्य के परामर्श की अवहेलना करके भी ममासुर युद्ध के लिए तैयार हो गया। जब यह बात देवर्षि नारद ने विघ्नराज को बताई तो विघ्नराज बोले, 'मैं ममासुर के अभिमान को चूर-चूर कर दूँगा!'

ममासुर अपनी शक्तिशाली सेना को साथ लेकर अपने दोनों पुत्रों सहित युद्धभूमि में आ गया। ममासुर की धृष्टता देखकर क्रोधित होकर विघ्नराज ने

असुर सेना के ऊपर कमल छोड़ दिया। कमल की गंध से असुर निर्जीव और मूर्च्छित हो गए। जैसे ही ममासुर को होश आया तो वह अपने पास कमल को देखकर विघ्नराज के चरणों में गिरकर क्षमा-याचना करने लगा।

इसके विपरीत, विघ्नराज ने ममासुर को अपनी भक्ति प्रदान करते हुए कहा कि 'असुरराज, मेरी भक्ति में लीन रहकर तुम निर्भीक होकर रहो। जहाँ सर्वप्रथम मेरी पूजा न की जाए, वहाँ लोगों को स्नेह से वंचित करके उनके ऊपर राज करो। जो मेरे भक्त हैं, उनकी रक्षा करो और जो मेरे भक्त नहीं हैं उन्हें ममता से वंचित कर दो।'

इस प्रकार ममासुर ने विघ्नराज की चरण-वंदना करके उनकी आज्ञा को शिरोधार्य किया। इस प्रकार समस्त देवता विघ्नराज की भक्ति से कष्टमुक्त हो गए।

धूम्रवर्ण अवतार

एक बार ब्रह्माजी ने सूर्यदेव को कर्म-राज्य का शासक बना दिया, जिसके कारण सूर्यदेव के मन में अहं की भावना उत्पन्न हो गई। वे मन-ही-मन सोचने लगे कि 'कर्म के प्रभाव से ब्रह्मा सृष्टि की रचना, विष्णु संसार का पालन, शिव और शक्ति संसार का संहार करते हैं। इसमें कोई संदेह नहीं कि संपूर्ण संसार कर्म के अधीन है और मैं समस्त कर्मों का संचालन करता हूँ। इसलिए सब मेरे ही अधीन हैं।'

जैसे ही सूर्यदेव के मन में अहंकार का भाव आया तो उन्हें छींक आ गई। उनकी छींक से एक शक्तिशाली पुरुष की उत्पत्ति हुई, जो सीधा दैत्य गुरु शुक्राचार्य के पास जाकर बोला, 'प्रभु, मेरा नामकरण संस्कार कर दीजिए।' ध्यान के प्रभाव से शुक्राचार्य ने उस पुरुष के बारे में सबकुछ जानकर उसका नाम 'अहं' रख दिया और गणेश के सोलह अक्षरी मंत्र (ऊँ गं गो गणपतये विघ्नविनासिने स्वाहा) की दीक्षा दी। असुर गुरु से मंत्र की दीक्षा लेकर वन में तपस्या करने चला गया।

वन में भूखे-प्यासे रहकर अहं ने बहुत समय तक धूम्रवर्ण का ध्यान करके मंत्र का जप किया। अहं की दीर्घकालीन पूजा से धूम्रवर्ण ने प्रसन्न होकर उससे वरदान माँगने को कहा। अहं ने तुरंत गणेश से ब्रह्मांड का राज्य माँग लिया। गणेशजी ने प्रसन्न होकर 'तथास्तु' कहा और अंतर्धान हो गए।

गजानन से इच्छित वर प्राप्त करके अहं सीधा शुक्राचार्य के पास गया और सारी बातें बता दीं। शुक्राचार्य अहं को मिले वरदान से अत्यंत प्रसन्न हुए। उन्होंने तुरंत असुर समूह को बुलाकर अहं को मिली उपलब्धि के विषय में बताया। सभी असुरों ने अहं के अधीन रहने में ही अपनी भलाई समझी।

प्रमादासुर ने अहं के साथ अपनी पुत्री ममता का विवाह कर दिया। कुछ दिन बाद ममता ने गर्व और श्रेष्ठ नाम के दो पुत्रों को जन्म दिया। कुछ दिन बाद अहं के श्वसुर ने कहा कि 'व्यर्थ में समय गँवाने का कोई लाभ नहीं है। तुम्हें तो ब्रह्मांड-विजय का वरदान प्राप्त है, इसलिए तीनों लोकों को जीतो और सुख से रहो।'

अहं ने तुरंत गुरु शुक्राचार्य का आशीर्वाद लिया और संपूर्ण ब्रह्मांड को जीत लिया। चारों ओर अहं का साम्राज्य होने से ऋषि, मुनि, देवता वन में जाकर गुफाओं में छिप गए। वह मद्य पीने और मांस खाने के अलावा मनुष्य, नाग एवं देवताओं की कन्याओं को उठाकर ले जाता और उनका अपमान करता। इस प्रकार पाप-कर्म में लगा हुआ अहं अपने आराध्य देव धूम्रवर्ण को भी भूल गया।

एक दिन अधर्म नाम का असुर अहं की सभा में आकर कहने लगा, 'संपूर्ण ब्रह्मांड पर आपका अधिकार है। फिर देवता वनों में रहकर हमारा अहित क्यों करते हैं? यदि हम देवताओं के यज्ञ कर्म को नष्ट कर दें तो वे स्वयं ही नष्ट हो जाएँगे।'

अधर्म की यह बात अहं को बहुत अच्छी लगी। अहं ने तुरंत आज्ञा दी कि मंदिर में उसकी प्रतिमा की पूजा होगी और उसके राज्य में कोई यज्ञ कर्म नहीं होगा। अहं की इस आज्ञा को सुनकर देवता बहुत दुःखी हो गए। देवताओं ने

सोचा कि हमें धूम्रवर्ण भगवान् की पूजा आराधना करनी चाहिए। मूर्ख अहं ने जिनकी कृपा से तीनों लोकों पर विजय प्राप्त की वह उन्हें ही भूल गया। भगवान् धूम्रवर्ण अवश्य ही सहायता करेंगे।

देवताओं ने जब मूषकध्वज की आराधना की तो खुश होकर मूषकध्वज बोले, 'मैं अवश्य ही अहंकारासुर का वध करूँगा। आप चिंतित न हों।' मूषकध्वज ने आश्वासन देने के बाद अहंकारासुर को स्वप्न में दर्शन दिए। धूम्रवर्ण की भयंकर डरावनी मूर्ति को देखकर अहं डर गया और अपने स्वप्न की बात अपने पुत्रों को बताई। अहं के पुत्रों ने कहा कि 'स्वप्न कभी सत्य नहीं होते, इसलिए हमारे होते हुए आपको चिंता करने की कोई आवश्यकता नहीं है।'

जब गजमुख ने देखा कि स्वप्न का अहं पर कोई असर नहीं हुआ तो उन्होंने नारद को अपना दूत बनाकर भेज दिया। लेकिन अहं फिर भी नहीं माना तो विवश होकर धूम्रवर्ण ने अपना पाश छोड़ दिया। पाश जहाँ भी जाता, वहीं असुरों को समाप्त कर देता। पाश में बँधकर बहुत से असुर मर गए। यह देखकर अहं शुक्राचार्य की शरण में पहुँच गया। गुरु शुक्राचार्य ने अहं को धूम्रवर्ण भगवान् की शरण में जाने की सलाह देते हुए गणेश तत्त्व का महत्त्व भी समझाया।

गुरु की आज्ञा पाकर अहं धूम्रवर्ण भगवान् की शरण में चला गया। सभी देवता भी मंगलमूर्ति गणेश की जय-जयकार करते हुए अपने लोक को चले गए।

□□□

કવરપેજ
૧૫૦gsm કાર્ડ
અંદરના પેજ
૮૦gsm મેપલિથો પેપર